booq
publishing

© 2017 **booq** publishing, S.L.
c/ Domènech, 7-9, 2º 1ª
08012 Barcelona, Spain

ISBN 978-84-945662-8-8 [EN]
ISBN 978-84-945662-7-1 [DE]

Derechos de publicación y distribución
en lengua española en propiedad de:

© 2017 EDITORS S.A.
C/ Horts d´en Mateu
Pol. Industrial Sur
08450 Llinars del Vallès
Barcelona, España

Telf. +34 938 410 351
iberlibro@iberlibroediciones.com
www.iberlibroediciones.com

ISBN 978-84-459-0935-5 [ES]

© 2017 Éditions du Layeur
Imprimé chez Llop 3. Barcelona. Spain

ISBN 978-2-915126-36-5 [FR]

Editorial coordination:
Claudia Martínez Alonso

Art direction:
Mireia Casanovas Soley

Edition:
Macarena Abascal Valdenebro

Translation:
Thinking Abroad

Printed in Spain

Gardens have been a part of cities from the beginning of time to the present day. They are a recreation of nature that allows us to have the outside world within our grasp, learn from it and enjoy its beauty and changing seasons.

The benefits of a garden, however small, are innumerable. A garden makes a home more beautiful, filling it with life and with colours, fragrances and sounds that stimulate our senses. Gardens are a key part of maintaining good quality of life in the city and fostering well-being. Contact with nature in the city lets us remove ourselves from the hustle and bustle of the city and immerse ourselves in a world of green, bringing us closer to the origins of everything and providing moments of relaxation and peace. In addition, gardens become an extension of our homes, integrating into our everyday lives. The garden becomes another living area in our home, a place to enjoy lively debates with friends, family get togethers and games or relaxing moments listening to the sounds of nature. To this end, these gardens are designed to reduce, where possible, the barriers between the outside and inside to ensure that both spaces flow into one.

The current proliferation of urban gardens and allotments demonstrates public awareness of the importance of increasing the number of green areas to ensure the sustainability of our cities. Maintaining green spaces helps protect the environment as it creates a habitat of living organisms, plants, insects, birds and fish, that improve the garden's micro climate by adding moisture from the plants. These plants in turn absorb the carbon dioxide in the air and turn it into oxygen.

In this book, a careful selection of landscape gardeners and architects from across the world show us their design projects for small domestic gardens, mostly in urban settings, which show that limited space is not an impediment to enjoying a small green area in our home. Terraces, courtyards, interior gardens, vertical gardens; a wide range of hugely diverse gardens. Each one reacts to the demands of the home to which it belongs and is imbued with its personality, but they are all united by a common thread, design that respects the laws of nature and care for the environment.

Secondly, they offer many ideas and useful pieces of advice that are of practical help when planning a garden, whether that is a terrace, courtyard, interior or vertical garden or roof top. This advice will help you make the most of the space you have, using it for different functions as well as making the most of the visual qualities of the plants to ensure it is a unique and very special space to relax while enjoying everything nature has to offer.

Gärten begleiten Städte nun schon seit ihren Ursprüngen bis hinein in unsere Zeit. Sie sind eine Nachempfindung der Natur, die wir in greifbarer Nähe haben, von ihr lernen und ihre Schönheit sowie deren Veränderungen im Laufe der Jahreszeiten beobachten und genießen können.

Die Vorteile, zu Hause einen Garten zu haben, egal wie klein er ist, sind unermesslich. Ein Garten verschönert das Heim und erfüllt es durch seine Düfte, Farben und Töne, die Ihre Sinne anregen, mit Leben. Er ist ein Schlüsselelement für hohe Lebensqualität in der Stadt und kommt zudem Ihrem Wohlbefinden zugute. Der Kontakt mit der Natur in der Stadt ermöglicht es Ihnen, sich dem Trubel zu entziehen, dem Sie ausgesetzt sind, um in ein grünes Universum einzutauchen, das Ihnen den Ursprung aller Dinge näherbringt und Ihnen Augenblicke der Entspannung und des Friedens schenkt. Andererseits wird ein Garten zur Erweiterung Ihres Heims, wobei der Gestalter dessen Einbindung in Ihren Alltag anstrebt. Der Garten wird zu einem weiteren Wohnbereich Ihrer Wohnstätte, wo sie anregende Gespräche mit Freunden, Mahlzeiten im Kreise der Familie, Spiele oder entspannende Momente genießen, während Sie sich an den Klängen der Natur erfreuen. Aus diesem Grund versucht der Planer bei der Planung der Gartengestaltung, weitestgehend Barrieren zu beseitigen, die Innen- und Außenraum voneinander trennen, damit beide Bereiche fließend zu einem Ganzen verschmelzen.

Derzeit offenbart die starke Verbreitung von Zier- und Nutzgärten in den Städten das Bewusstsein der Gesellschaft dafür, wie wichtig die Ausweitung von Grünflächen ist, um zur Nachhaltigkeit unserer Städte beizutragen. Das Pflegen von Grünflächen ist eine Tat, die zum Umweltschutz beiträgt, da ein Lebensraum für Organismen wie Pflanzen, Insekten, Vögel, Fische, etc. geschaffen wird, die wiederum das Mikroklima der Umwelt verbessern, da die Pflanzen für Feuchtigkeit sorgen und das Kohlendioxyd der Luft aufnehmen und diese reinigen, indem sie es in Sauerstoff umwandeln.

In diesem Buch stellt Ihnen eine sorgfältige Auswahl von Landschaftsgärtnern und Architekten aus der ganzen Welt ihre Gestaltungsprojekte für kleine Gärten in Privathaushalten, hauptsächlich in einem städtischen Umfeld, vor, wobei bewiesen wird, dass eine Platzbeschränkung kein Hindernis dafür darstellt, eine kleine Grünfläche in seinem Zuhause zu genießen. Terrassen, Innenhöfe, Innengärten, vertikale Gärten... eine breite Palette der verschiedensten Gärten. Jeder einzelne von ihnen reagiert auf die Betrachtungsweisen der jeweiligen Wohnstätte und ist von deren Persönlichkeit geprägt, doch alle haben einen gemeinsamen Bezugspunkt, der sie vereint: eine Gestaltung, welche die Richtlinien der Natur und den Schutz der Umwelt als allgemeinen Grundsatz respektiert.

Zweitens bietet Ihnen das Buch zahlreiche nützliche Tipps und Ideen, die bei der Planung der Gartengestaltung äußerst hilfreich sind, wobei jeder Außenbereich der Wohnstätte als solcher verstanden wird: Seien es nun Terrassen, Innenhöfe, Innengärten, vertikale Gärten oder Dachterrassen. Die Befolgung dieser Praktiken hilft Ihnen, das Beste aus dem vorhandenen Platz zu machen, der für verschiedene Funktionen bestimmt werden kann, wobei gleichzeitig die ästhetischen Qualitäten der Pflanzen genutzt werden, um daraus einen einzigartigen und ganz besonderen Ort zu machen, wo Sie sich entspannen, während Sie all das genießen, was die Natur zu bieten hat.

Les jardins ont toujours accompagné les villes de leurs origines à nos jours. Il s'agit d'une recréation de la nature qui permet de l'avoir à sa portée, apprendre et profiter d'elle tout en observant sa beauté et ses changements au fil des saisons.

Les avantages d'avoir un jardin dans une maison, aussi modeste soit-il, sont innombrables. Embellir le foyer et le remplir de vie grâce à ses senteurs, couleurs et sons qui stimulent nos sens. C'est un élément clé pour conserver une bonne qualité de vie en ville et favoriser notre bien-être. Le contact avec la nature en ville permet de se retirer du tourbillon dans lequel nous sommes trouvons pour nous plonger dans un univers vert qui nous rapproche de l'origine de toute chose et nous offre des moments de détente et de paix. D'autre part, les jardins deviennent le prolongement de nos maisons, car on cherche à les intégrer dans notre vie quotidienne. Ils se transforment en un espace supplémentaire de séjour de notre maison, où il est possible de profiter de réunions animées entre amis, de repas de famille, de jeux ou encore de moments de détente au doux son de la nature. D'où le fait que lors de la planification de la conception, on a tenté de retirer, dans la mesure du possible, les barrières qui séparent l'intérieur de l'extérieur afin que les deux espaces s'échappent en faisant un tout.

Actuellement, la propagation des jardins et vergers urbains souligne la prise de conscience de la société sur l'importance d'augmenter les espaces verts afin de contribuer à la durabilité des villes. Entretenir des espaces verts est un acte qui contribue à la protection de l'environnement, car on crée un habitat pour les organismes vivants - plantes, insectes, oiseaux, poissons - qui, à son tour, améliore le micro-climat du cadre grâce à l'apport d'humidité des plantes qui absorbent le dioxyde de carbone de l'environnement et le purifient en le transformant en oxygène.

Ce livre offre tout d'abord une sélection minutieuse de paysagistes et d'architectes du monde entier qui nous proposent leurs projets de conception de petits jardins domestiques, en milieux urbains pour la plupart, où l'on souligne que la limitation de l'espace n'est pas un obstacle pour pouvoir profiter d'un petit coin de verdure dans notre foyer. Terrasses, patios, jardins intérieurs, verticaux...un vaste éventail de jardins très diversifiés. Chacun d'eux répond aux considérations de l'habitation à laquelle ils appartiennent et sont imprégnés de sa personnalité ; mais tout ceci avec un lien commun et le respect de l'environnement comme principe général.

Ensuite, il offre de nombreux conseils et astuces, très pratiques lors de la planification de la conception du jardin, entendant par là tout espace extérieur de l'habitation, que ce soit la terrasse, le patio, le jardin intérieur, vertical ou encore le haut de toit. Le respect de ces pratiques permettra de profiter au maximum de l'espace qui peut avoir diverses fonctions tout en profitant des qualités esthétiques des plantes pour en faire un lieu unique et très spécial où il sera possible de se détendre tout en profitant de ce que nous offre la nature.

Los jardines han acompañado a las ciudades desde sus orígenes hasta nuestros tiempos. Son una recreación de la naturaleza que nos permite tenerla a nuestro alcance, aprender de ella y disfrutar observando su belleza y sus cambios a través de las estaciones.

Los beneficios de tener un jardín en casa, por pequeño que sea, son innumerables. Embellece el hogar y lo llena de vida a través de sus olores, colores y sonidos que estimulan nuestros sentidos. Es un elemento clave para mantener una buena calidad de vida en las ciudad y favorecer nuestro bienestar. El contacto con la naturaleza en la ciudad nos permite abstraernos de la vorágine en la que nos encontramos inmersos para sumergirnos en un universo verde, que nos acerca al origen de todas las cosas y nos regala momentos de relax y de paz. Por otro lado, los jardines se convierten en una prolongación de nuestras casas; se busca la integración de estos en nuestra vida diaria. Se convierten en una zona más de estar de nuestra vivienda, donde gozar de animadas tertulias entre amigos, de comidas familiares, de juegos o de momentos de descanso disfrutando de los sonidos de la naturaleza. De ahí que a la hora de planificar su diseño se intenten eliminar, en la medida de la posible, las barreras que separan el interior del exterior para que fluyan ambos espacios fundiéndose en un todo.

Actualmente, la proliferación de los jardines y huertos urbanos pone de manifiesto la concienciación de la sociedad sobre la importancia de aumentar las zonas verdes para contribuir a la sostenibilidad de nuestras ciudades. Mantener espacios verdes es un acto que contribuye a la defensa del medio ambiente ya que se crea un hábitat de organismos vivos —plantas, insectos, aves, peces...— que a su vez mejora el microclima del entorno gracias a la aportación de humedad de las plantas y a que absorben el dióxido de carbono del ambiente y lo purifican convirtiéndolo en oxígeno.

En este libro, en primer lugar, una esmerada de selección de paisajistas y arquitectos de todo el mundo nos brindan sus proyectos de diseño de pequeños jardines domésticos, en entornos urbanos en su mayoría, donde se pone de manifiesto que la limitación de espacio no es un impedimento para poder disfrutar de una pequeña zona verde en nuestro hogar. Terrazas, patios, jardines interiores, verticales... una amplio abanico de jardines de gran diversidad. Cada uno de ellos responde a las consideraciones de la vivienda a la que pertenecen y están impregnados de su personalidad; pero todos ellos con un nexo común que los une: un diseño que respeta las reglas naturales y el cuidado del medio ambiente como principio general.

En segundo lugar, nos ofrece numerosos consejos e ideas útiles, muy prácticos a la hora de planificar el diseño del jardín, entendiendo como tal cualquier zona exterior de la vivienda, ya sean terrazas, patios, jardines interiores, verticales o azoteas. El seguimiento de estas prácticas nos ayudará a conseguir sacar el máximo partido del espacio, que se puede destinar a funciones diversas, a la vez que a aprovechar las cualidades estéticas de las plantas para hacer de él un lugar único y muy especial donde relajarnos mientras disfrutamos de todo lo que la naturaleza nos ofrece.

THE CITY AT YOUR FEET

MADRID, SPAIN

Landscaper La Paisajista – Jardines con alma
Photographer © Zeta Infografias

This large terrace with spectacular views of the city has been remodelled to achieve maximum impact. With its modern design and straight lines, water is given a starring role and has a double purpose: to provide freshness in the hottest months and evoke a feeling of nature, helping you to relax and forget for a moment that you are in the heart of a large city. The paving is particularly eye-catching, with backlit paving stones breaking up the wooden floor and the use of *Lippia nodyflora*, a fast-growing ground covering plant that does not need much watering.

Diese großzügige Terrasse mit spektakulärem Blick auf die Stadt wurde umgestaltet, um das Maximum aus ihr herauszuholen. In ihrem modernen und geradlinigen Design kommt dem Wasser aus zweierlei Gründen die Hauptrolle zu: den wärmsten Bereichen Frische und Kühlung zu verleihen und die Geräusche der Natur zu evozieren, die uns einladen zu entspannen und einen Moment lang zu vergessen, dass wir uns mitten in einer Großstadt befinden. Insbesondere der Boden fällt ins Auge mit seinen von hinten beleuchteten Bodenkacheln zwischen Bodenplatten und Teppichverbene Lippianodiflora, einem sehr schnell wachsenden Bodendecker mit geringem Wasserbedarf.

Cette grande terrasse avec des vues spectaculaires sur la ville a été réaménagée pour en profiter au maximum. Sa conception moderne et en lignes droites font de l'eau un élément absolu à double finalité : procurer de la fraîcheur lors des saisons les plus chaudes et évoquer les sons de la nature qui nous invitent à nous détendre et à oublier pendant un instant que nous sommes au cœur d'une grande ville. Son revêtement attire particulièrement l'attention, avec des carreaux rétroéclairés qui surgissent sur le parquet et la plantation de phylas à fleurs nodales, une plante grimpante qui pousse rapidement et nécessite peu d'eau.

Esta amplia terraza con espectaculares vistas a la ciudad ha sido remodelada para sacarle el máximo partido. En su diseño moderno y de líneas rectas el agua adquiere un protagonismo absoluto con una doble finalidad: dar frescor en las estaciones más cálidas y evocar los sonidos de la naturaleza que nos invitan a relajarnos y a olvidarnos por un momento de que estamos en el corazón de una gran ciudad. Llama especialmente la atención su pavimento, con unas baldosas retroiluminadas que irrumpen en la tarima y la plantación de *Lippia nodyflora*, una planta tapizante de crecimiento muy rápido y bajo consumo de agua.

To create a sense of space, the extensive decking is laid diagonally. The repetition of trimmed hedges and trees aims to create continuity as well as unify the different areas of the terrace.

Um das Gefühl von mehr Raum zu schaffen, wurde der Boden diagonal verlegt. Die Wiederholung der beschnittenen Pflanzen und der Bäume soll eine Kontinuität entstehen lassen und zugleich die unterschiedlichen Ecken der Terrasse miteinander verbinden.

Pour procurer une plus grande sensation de grandeur, le parquet a été placé en diagonale. La redondance des plantes élaguées et des arbres se veut créer une continuité, ainsi qu'unifier les divers coins de la terrasse.

Para generar una mayor sensación de amplitud la tarima está instalada en diagonal. La repetición de plantas podadas y de árboles busca generar continuidad así como unificar los distintos rincones de la terraza.

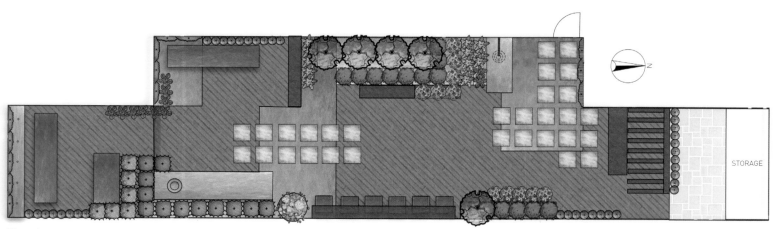

Floor plan

The lighting design creates an intimate setting, full of magic, a wonderful place to enjoy warm summer nights.

Das Lichtdesign der Terrasse sorgt für eine intime und verzauberte Atmosphäre, die dazu einlädt, warme Sommernächte draußen zu genießen.

La conception de l'éclairage de la terrasse offre un cadre intime rempli de magie, sur laquelle il est possible de profiter des nuits chaudes de l'été.

El diseño de la iluminación de la terraza crea un escenario íntimo y lleno de magia en el que disfrutar de las cálidas noches de verano.

CHELSEA TERRACES

NEW YORK CITY, NEW YORK, UNITED STATES

Landscaper **Gunn Landscape Architecture**
Photographer © **Peter Murdock**

This attic has two terraces, north and south, both with separate functions. These elegant "outdoor living areas" have been created to maximise the space and allow for flexible leisure activities. Perfect for dining and relaxing, the north-facing terrace includes trees, bushes and climbing plants and pots that fill the space with a sense of nature, while a comfortable bench and other furniture separate the dining and living areas. For the tranquil southern terrace, where you can cook outdoors, there is a mixed space with a seating area near the library, a fountain and a kitchen area.

Dieses Penthouse hat zwei Terrassen, Richtung Norden und Süden, zu beiden Seiten mit getrennten Funktionen. Die Gestalter schufen diese unterschiedlichen „Wohnzimmer im Freien", um den Platz zu maximieren und flexible Möglichkeiten in puncto Freizeit und Entspannung zu bieten. Idealerweise für Mahlzeiten und Freizeit gedacht, beherbergt die Nordterrasse Bäume, Sträucher, Kletterpflanzen und Blumentöpfe, die den Raum mit einem bemerkenswerten Gefühl von Natur erfüllen, während eine bequeme Sitzbank und weiteres Mobiliar den Essbereich vom Wohnbereich trennen. Auf der ruhigen Südterrasse, wo die Bewohner im Freien kochen, gibt es einen mehrfach genutzten Raum mit einem Sitzbereich, der neben der Bibliothek, einem Brunnen und einer Kochecke angesiedelt ist.

Ce dernier étage dispose de deux terrasses, au nord et au sud, des deux côtés avec des fonctions différentes. Ces distingués « salons extérieurs » ont été créés pour maximiser l'espace et permettre des choix flexibles de loisir et de détente. Idéalement conçue pour les repas et le loisir, la terrasse nord abrite des arbres, arbustes, plantes grimpantes et jardinières qui imprègnent l'espace d'une sensation remarquable de la nature, tandis qu'une banquette confortable et d'autres meubles séparent l'espace de la salle à manger du séjour. Pour la tranquille terrasse du sud, où il est possible de cuisiner en plein air, il y a un espace mixte avec une assise intégrée à proximité de la bibliothèque, une fontaine et des éléments pour cuisiner.

Este ático cuenta con dos terrazas, norte y sur, a ambos lados con funciones separadas. Estos distinguidos "salones exteriores" han sido creados para maximizar el espacio y permitir opciones flexibles de ocio y relax. Idealmente pensada para comidas y ocio, la terraza norte alberga árboles, arbustos, plantas trepadoras y maceteros que impregnan el espacio de una notable sensación de naturaleza, mientras que una cómoda banqueta y otro mobiliario separa la zona de comedor de la zona de estar. Para la tranquila terraza sur, donde se cocina al aire libre, hay un espacio mixto con una zona para sentarse integrada cerca de la biblioteca, una fuente e instalaciones para cocinar.

Both terraces are surrounded by trees and shrubs in modular built-in containers. These plants provide privacy while keeping the views of the elegant surrounding buildings.

Beide Terrassen sind von Bäumen und Sträuchern in integrierten modularen Behältern umgeben. Diese Pflanzen sorgen für Privatsphäre und ermöglichen gleichzeitig den Blick auf die verschiedenen Gebäude der Umgebung.

Les deux terrasses sont entourées d'arbres et d'arbustes dans des containers modulaires intégrés. Ces plantes apportent de l'intimité tout en offrant des vues sur les remarquables édifices des alentours.

Ambas terrazas están rodeadas de árboles y arbustos en contenedores modulares integrados. Estas plantas proporcionan privacidad, a la vez que permiten vistas de los distinguidos edificios de alrededor.

Ipe wood has been used for the pots, built-in seating and trellises because of its strength and hard-wearing nature.

Für die Blumentöpfe, Einbausitze und Spaliere wählten die Gestalter aufgrund dessen Beständigkeit, Härte und Haltbarkeit das Ipé-Holz.

On a sélectionné du bois d'ipé pour les jardinières, assises intégrées et treillis en raison de sa résistance, dureté et durabilité.

Para los maceteros, asientos integrados y enrejados se ha escogido la madera de ipé por su resistencia, dureza y durabilidad.

THE ELEGANT OUTDOORS

LONDON, UNITED KINGDOM

Landscaper Stefano Marinaz Landscape Architecture
Photographer © Stefano Marinaz

This courtyard is dominated by a wonderful fig tree whose asymmetric position determines the design of the space, as well as providing shade in the summer. Inspired by the shape of its bare branches in winter, the design includes a structure of intertwined vertical wood panels on two sides that allow light into the garden while a wall of perfumed jasmine encloses the garden on the other side. A series of beautiful terracotta pots opposite the fig tree break up the linear wall of jasmine while others are placed more randomly, accentuating the asymmetric design.

Dieser Innenhof wird von einem wundervollen Feigenbaum beherrscht, dessen asymmetrische Position die Gestaltung des Raumes bestimmt und im Sommer zudem für Schatten sorgt. In Anlehnung an das Flecht-werk seiner kahlen Zweige im Winter wurde an zwei Seiten ein Gitter aus vertikalen Holzleisten, die das Licht frei in den Garten einfallen lassen, gestaltet, während eine Wand, die mit duftendem Jasmin bedeckt ist, den Garten an der anderen Seite einschließt. Eine Reihe schöner Terrakotta-Töpfe vor dem Feigenbaum bricht die Länge der Wand aus Jasmin, während andere Blumentöpfe ungeordnet aufgestellt wurden, was die Asymmetrie der Gestaltung betont.

Ce patio est dominé par un magnifique figuier dont l'emplacement asymétrique détermine la conception de l'espace, en plus de donner de l'ombre en été. S'inspirant du tracé de ses branches dénudées en hiver, un treillis de lames verticales en bois a été conçu des deux côtés afin de laisser pénétrer librement la lumière dans le jardin, tandis qu'un mur recouvert d'un jasmin parfumé ferme le jardin de l'autre côté. Une série de jolis pots de fleurs en terre cuite en face d'un figuier casse la longueur du mur de jasmin, tandis que d'autres sont placés aléatoirement accentuant ainsi l'asymétrie de la conception.

Este patio está dominado por una maravillosa higuera cuya posición asimétrica determina el diseño del espacio, además de proporcionar sombra en verano. Tomando inspiración de la tracería de sus ramas des-nudas en invierno, se diseñó un enrejado de lamas verticales de madera en dos lados que permite que la luz entre libremente en el jardín, mientras una pared forrada de perfumado jazmín encierra el jardín por el otro lado. Una serie de hermosas macetas de terracota frente a la higuera rompen la longitud de la pared de jazmín mientras que otras se colocan desordenadamente acentuando la asimetría del diseño.

Low seats, a table and fireplace ensure this small terrace is an elegant and comfortable place to enjoy all year round.

Niedrige Sitze, ein Tisch und ein Kamin sorgen dafür, dass diese kleine Terrasse einen eleganten und komfortablen Raum bildet, den die Bewohner das ganze Jahr über genießen können.

Des assises basses, une table et une cheminée font que cette petite terrasse sera un espace élégant et confortable tout au long de l'année.

Asientos bajos, una mesa y una chimenea aseguran que esta pequeña terraza será un espacio elegante y cómodo del que poder disfrutar durante todo el año.

Perspective

In front of the intertwined wooden panels are flower beds with a wide range of plants and evergreen trees and bulbs to create new colour combinations and fragrances in each season.

Vor dem Holzspalier stehen Blumenbeete, an denen eine reichhaltige Auswahl an Pflanzen und immergrünen Bäumen sowie Knollen wächst, um in jeder Jahreszeit neue Kombinationen von Farben und Düften zu schaffen.

Face à des panneaux treillis en bois, des parterres où se croise une riche sélection de plantes et d'arbres à feuillages persistants afin de créer de nouvelles combinaisons de couleur et d'odeur à chaque saison.

Frente al enrejado de madera unos parterres en los cuales crece una rica selección de plantas y árboles de hoja perenne y bulbos para crear nuevas combinaciones de color y olor en cada temporada.

BINH HOUSE

HO CHI MINH, VIETNAM

Architect VTN architects (Vo Trong Nghia Architects)
Photographer © Hiroyuki Oki, Quang Dam

The recently developed urban areas in Vietnam are losing their connection with the natural world. This project creates a green space in a highly-populated area. The gardens on the top of each of the levels include large trees to provide shade and reduce the interior temperature. The design also makes it possible to grow vegetables to satisfy the daily requirements of the residents. In addition, the different openings that are closed by sliding glass doors, not only improve the micro climate by using natural ventilation and the daylight in each room, they also increase visibility and interaction between the different family members.

Die kürzlich in Vietnam erschlossenen Stadtbereiche verlieren ihre Verbindung zur Natur. Dieses Projekt schafft eine Grünfläche in einem Stadtbezirk mit hoher Bevölkerungsdichte. Die im oberen Teil der jeweiligen Ebene liegenden Gärten beherbergen große Bäume, die für Schatten sorgen und dadurch die Temperatur im Innenraum senken. Die Gestaltung ermöglicht zudem den Anbau von Gemüse, das den täglichen Bedarf der Bewohner deckt. Andererseits verbessern die verschiedenen Öffnungen, die durch Glasschiebetüren geschlossen werden, durch den Einsatz von natürlicher Ventilation und Tageslicht in jedem Raum nicht nur das Mikroklima, sondern fördern auch die Sichtbarkeit und die Interaktion zwischen den Familienmitgliedern.

Les zones urbaines récemment développées au Vietnam sont en train de perdre leur lien avec la nature. Ce projet offre un espace vert dans un quartier densément peuplé. Les jardins situés au niveau de la partie supérieure de chacun des niveaux abritent de grands arbres pour donner de l'ombre et réduire ainsi la température intérieure. La conception permet aussi de planter des légumes afin de répondre aux besoins quotidiens de leurs résidents. D'autre part, les diverses ouvertures, fermées par des portes coulissantes vitrées, non seulement améliorent le microclimat grâce à l'utilisation de la ventilation naturelle et la lumière du jour dans chaque pièce, mais augmentent aussi la visibilité et l'interaction entre les membres de la famille.

Las zonas urbanas desarrolladas recientemente en Vietnam están perdiendo su conexión con la naturaleza. Este proyecto proporciona espacio verde en un barrio de alta densidad. Los jardines situados en la parte superior de cada uno de los niveles albergan árboles grandes para proporcionar sombra y así reducir la temperatura interior. El diseño además permite plantar vegetales para satisfacer las necesidades diarias de sus residentes. Por otro lado, las diferentes aberturas, cerradas por puertas correderas de vidrio, no solo mejoran el microclima mediante el uso de la ventilación natural y la luz del día en cada habitación, sino que además aumentan la visibilidad y la interacción entre los miembros de la familia.

In this house, the architecture has become a means to connect people with each other and to connect people with nature.

In dieser Wohnstätte hat sich die Architektur in ein Mittel verwandelt, das Menschen miteinander und mit der Natur verbindet.

Dans cette maison, l'architecture est devenue un moyen de connecter les personnes entre elles et les personnes avec la nature.

En esta vivienda la arquitectura se ha convertido en un medio para conectar a las personas con las personas y a las personas con la naturaleza.

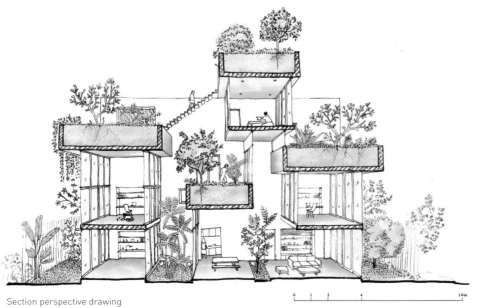

Section perspective drawing

0 1 2 3 4   10m

The service areas like the kitchen, bathrooms, stairs and corridors are on the west of the building to minimise exposure to the sun for frequently occupied areas.

Die Funktionsbereiche wie Küche, Bäder, Treppe und Flure sind im Westen untergebracht, damit die häufig genutzten Bereiche so wenig wie möglich der Sonneneinstrahlung ausgesetzt sind.

Les espaces fonctionnels tels que la cuisine, les salles de bain, les escaliers et les couloirs se trouvent à l'ouest afin de réduire l'exposition aux rayons du soleil dans les zones fréquemment occupées.

Las áreas de servicio tales como la cocina, los cuartos de baño, las escaleras y los pasillos se localizan en el oeste para minimizar la exposición a la radiación del sol de las áreas frecuentemente ocupadas.

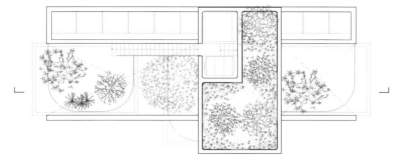

Roof plan

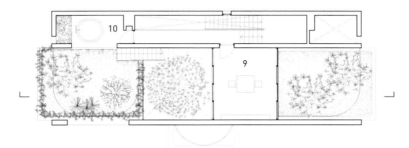

Third level plan

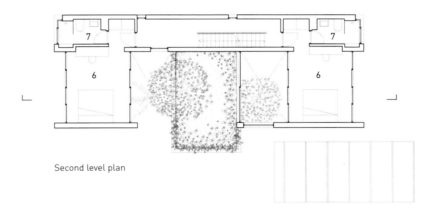

Second level plan

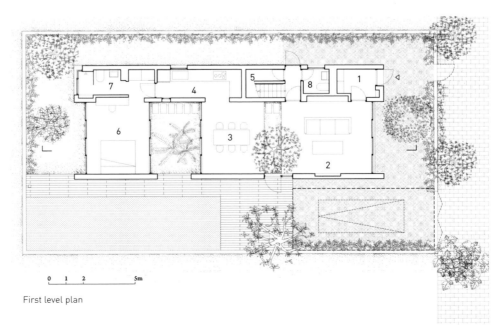

0 1 2   5m

First level plan

1. Entrance
2. Living room
3. Dining room
4. Kitchen
5. Storage
6. Bedroom
7. Bathroom
8. Powder room
9. Study room
10. Jacuzzi

With its use of sustainable materials such as natural stone, wood and exposed concrete, combined with the micro climate, this house has considerably reduced operating and maintenance costs.

Durch den Einsatz nachhaltiger Materialien wie Naturstein, Holz und Waschbeton in Kombination mit dem Mikroklima senkt dieses Haus die Betriebs- und Instandhaltungskosten beträchtlich.

Le coût opérationnel et d'entretien de cette maison est considérablement réduit grâce à l'utilisation de matériaux durables tels que la pierre naturelle, le bois et le béton apparent, combiné au microclimat.

Con el uso de materiales sostenibles como piedra natural, madera y hormigón expuesto, combinado con el microclima, esta casa reduce considerablemente el costo operacional y de mantenimiento.

There is a continuity in the space that allows the views from one room extend further on into the gardens.

Die Kontinuität im Raum ermöglicht es, dass die Sichtlinien von einem Raum durch die Gärten über die anderen hinaus gelangen können.

Il existe une continuité dans l'espace, ce qui permet aux lignes de visée partant d'une chambre d'arriver au-delà des autres à travers les jardins.

Existe una continuidad en el espacio que permite que las línea de visión desde una habitación pueda llegar más allá de las otras a través de los jardines.

SMALL MODERN GARDEN

HAMPSTEAD, LONDON, UNITED KINGDOM

Landscaper **Peter Reader Landscapes**
Photographer © **Peter Reader**

The client wanted to completely renovate the garden while keeping a sense of openness and adding more light and a modern, attractive design that could be enjoyed from the house. The new layout is a light, modern space that is open but divided into different levels and areas to add interest and increase the sense of space. Carefully chosen plants soften the solidity of the structural elements. The garden is now charming and attractive, with spaces to relax, spend time together as a family, eat outside or spend time with friends during the day or in the evenings.

Der Wunsch der Kunden lautete, den Garten völlig neu zu gestalten und dabei das Gefühl von Offenheit zu bewahren, ihm jedoch mehr Licht sowie ein modernes und attraktives Design zu verleihen, das vom Haus aus sichtbar ist. Die neue Anordnung punktet durch einen hellen und modernen Raum, der zwar offen doch gleichzeitig in Bereiche und verschiedene Ebenen unterteilt ist, was ihn interessanter macht und ihn größer wirken lässt. Die sorgfältige Auswahl der Pflanze mildert die Solidität der strukturellen Elemente. Nun ist der Garten einladend und ansprechend und besticht mit seinen Räumen zum Entspannen, um Zeit mit der Familie zu verbringen, im Freien zu essen oder die Zeit sowohl bei Tag als auch bei Nacht mit Freunden zu genießen.

Les clients souhaitaient entièrement réaménager le jardin en conservant la sensation d'ouverture tout en apportant davantage de lumière et un design moderne et attractif au visuel depuis la maison. La nouvelle configuration offre un espace lumineux et moderne, ouvert, avec des environnements et niveaux différents qui lui ajoutent de l'intérêt et le rendent plus spacieux. Le choix minutieux des plantes atténue la solidité des éléments structuraux. Le jardin est dorénavant accueillant et attractif, avec ses espaces pour se détendre, passer un moment en famille, manger à l'extérieur ou profiter d'un moment entre amis aussi bien pendant la journée qu'en soirée.

El deseo de los clientes era renovar completamente el jardín conservando la sensación de apertura pero aportándole más luz y un diseño moderno y atractivo a la vista desde la casa. La nueva configuración ofrece un espacio luminoso y moderno, abierto pero a la vez dividido en ambientes y diferentes niveles que le añaden interés y lo hacen parecer más espacioso. Una cuidada elección de plantas suaviza la solidez de los elementos estructurales. El jardín es ahora acogedor y atractivo, con sus espacios para relajarse, pasar un rato en familia, comer fuera o disfrutarlo con amigos tanto de día como de noche.

The garden space on the highest level is divided by the use of paving, flower beds, the central grass section and the seating area. This adds interest to the space without losing its open feel.

Die Gartenfläche auf der obersten Ebene wird durch den Einsatz von Pflasterung, Blumenbeeten, den Kunstrasen in der Mitte und den Sitzbereich unterteilt. Dies macht den Raum interessanter, ohne das Gefühl von Offenheit einzubüßen.

L'espace du jardin du niveau le plus haut est divisé en parties destinées à l'usage du dallage, des parterres de fleurs, la pelouse centrale et la zone d'assises. Ceci ajoute un intérêt à l'espace sans pour autant perdre la sensation d'ouverture.

El espacio del jardín del nivel más alto esta dividido entres partes por el uso de la pavimentación, los parterres de flores, el césped central y la zona de asientos. Esto añade interés al espacio sin perder la sensación de apertura.

The horizontal wooden fencing accentuates the sense of space in the garden. The seating area is clad with a back support that defines the space while adding interest.

Der Holzzaun mit seinen horizontalen Linien betont das Gefühl von Raum im Garten. Im Sitzbereich ist er von einem Spalier bedeckt, um den Raum abzugrenzen und gleichzeitig interessante Akzente zu setzen.

La clôture en bois de lignes horizontales accentue la sensation d'espace dans le jardin. La zone d'assise est doublée d'un espalier qui permet de délimiter l'espace tout en lui donnant un intérêt.

La valla de madera de líneas horizontales acentúa la sensación de espacio en el jardín. En la zona de los asientos está forrada por una espaldera que sirve para delimitar el espacio a la vez que le añade interés.

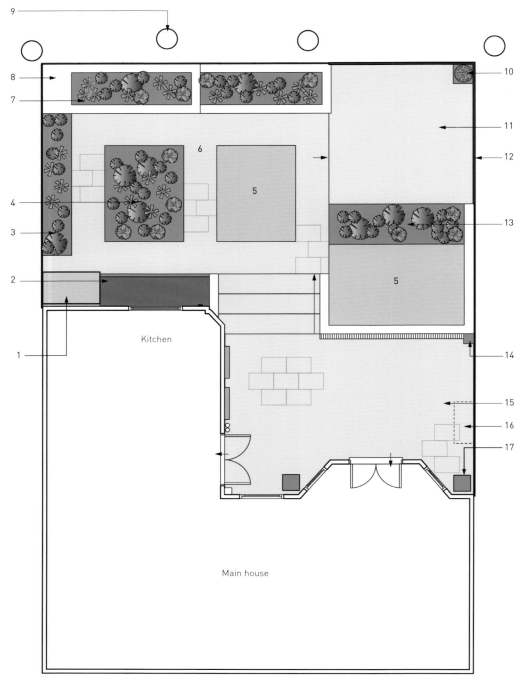

Floor plan

1. Shed roof renovated and shed clad in horizontal timbers
2. Wooden sunken storage lid
3. Mixed planting of shrubs, perennials and climbers to give green cover to fence
4. Planting bed with structural shrubs, perennials and climbers to give cover to fence
5. Artificial turf
6. Paved area with 2 symetrical beds and paths

7. Raised beds (x 2) planted with shrubs, climbers and perennials to give year round interest
8. Space for small sculpture
9. Existing lime trees (x 4)
10. Climber
11. Raised seating area with paving surface matching patio and coping edges
12. Horizontal trellis fence around seating area

13. Planting bed containing herbs at the sunny end and mixed planting nearer the fence and a shade tolerant climber
14. Planting hole for shade tolerant climber
15. Patio laid to Jura pavers in stretcher course
16. Space for barbecue
17. Planter with topiary buxus ball

The artificial grass was expressly requested by the client because of its low maintenance and to avoid the need for a space to store a lawnmower.

Der Kunstrasen war der ausdrückliche Wunsch des Kunden - wegen des geringen Pflegeaufwands, und um nicht einen Teil des Stauraums für einen Rasenmäher einplanen zu müssen.

Le gazon est artificiel à la demande express du client en raison du faible entretien qu'il requiert et pour éviter de réserver un espace de rangement à la tondeuse.

El césped es artificial por expreso deseo del cliente por su bajo mantenimiento y para no tener que reservar una parte de la zona de almacenamiento para una máquina cortacésped.

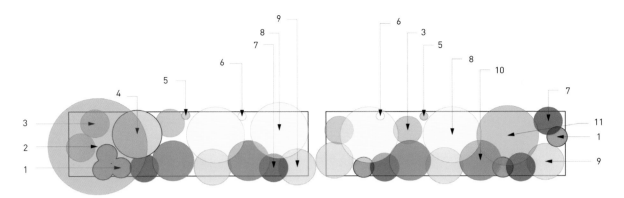

Raised Planter beds

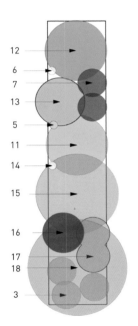

Boundary bed

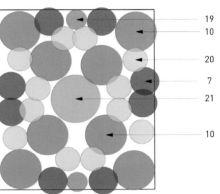
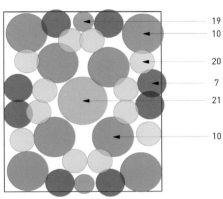

Kitchen window bed

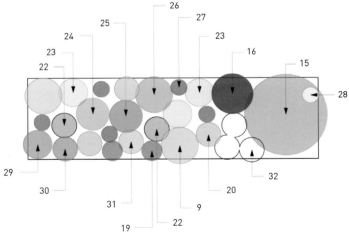

'Herb bed'

Seating area corner

Fence planter

1. *Epimedium* 'Lilafee'
2. *Acer palmatum* 'Bloodgood'
3. *Dryopteris filix*-mas
4. *Viibumum davidii*
5. *Clematis* 'Prince Charles'
6. *Trachelosperum jasminoides*
7. *Heuchera villosa* 'Palace purple'
8. *Hydrangea* 'Annabelle'
9. *Geranium* Rozanne

10. *Buxus semperivens*
11. *Fucshia* 'Ms. Popple'
12. *Vibumum tinus* 'Eve price'
13. *Dryopteris erythrosora*
14. *Lonicera periclymenum* 'Serotina'
15. *Choisya* 'Aztec pearl'
16. *Sarcococca confusa*
17. *Alchemilla mollis*
18. *Acer palmatum* 'Osakazuki'

19. *Campanula poscharskyana* 'Stella'
20. *Anemone* 'Wild swan'
21. *Pittosporum* 'Gametti'
22. *Origanum laevigatum* 'Herrenhausen'
23. *Molinia* 'Heidebraut'
24. *Rosemarinus prostatus*
25. *Salvia officinalis* Berggarten
26. *Rosemary officinalis*

27. *Verbena bonariensis* 'Lollipop'
28. *Hydrangea petiolaris*
29. *Thymus* 'Bressingham' pink
30. *Allium schoenprasum*
31. *Salvia officinalis purpurescens*
32. *Euphorbia amygdaloides* 'Purpurea'

ARTFUL GARDEN

PERTH, WESTERN AUSTRALIA, AUSTRALIA

Landscaper **Cultivart – Janine Mendel**
Photographer © **Peta North**

The owner of this ground floor apartment is an art collector and wanted a garden with space to hang his art work. He looked for a place he could feel his own, a place that both the owner and his partner could really identified with, therefore, they were very involved in its design. The garden was to have a subtropical exuberance, with lots of colour and fragrance. The result is incredible, a veritable orchard that is discovered bit by bit as you move up through the levels until you reach the wooden decking with a living area and pond.

Der Besitzer dieses Erdgeschosses eines Mehrfamilienhauses ist Kunstsammler und wünschte sich einen Garten mit einem Raum zur Ausstellung seiner Arbeiten. Gleichzeitig wünschte er sich einen Ort, mit dem sich er und seine Partnerin vollständig identifizieren können, den sie als ihren eigenen empfinden. Dementsprechend wurde die Gestaltung stark von ihm beeinflusst. Der Garten sollte den Betrachter durch subtropische Üppigkeit mit vielen Farben und Düften verzaubern. Das Ergebnis ist unverbesserlich, ein authentischer Ziergarten, den der Betrachter nach und nach entdeckt, während er die verschiedenen Ebenen hinaufsteigt, bis er zu der Holzplattform gelangt, die einen Sitzbereich und einen Teich beherbergt.

Le propriétaire de cette habitation, un ensemble d'appartements de plain-pied, est un collectionneur d'art. Il souhaitait un jardin avec un espace pour exposer ses œuvres. Un lieu qui correspondra tout à fait aussi bien à lui et à son amie, comme si c'était le sien ; d'où le fait qu'ils s'impliqueront beaucoup dans son design. Le jardin devait avoir une exubérance subtropicale avec beaucoup de couleurs et de fragrance. Le résultat est parfait : un authentique verger qui se dévoile au fur et à mesure que l'on accède aux divers niveaux, jusqu'à arriver à la plateforme en bois qui abrite un séjour et un étang.

El dueño de esta vivienda, una planta baja de un bloque de apartamentos, es coleccionista de arte y quería un jardín que tuviera un espacio donde poder colocar alguna de sus obras. Un lugar que se identificara plenamente con él y con su pareja, sentirlo como propio; de ahí que se involucraran mucho en su diseño. El jardín debía tener una exuberancia subtropical con mucho color y fragancia. El resultado es inmejorable, un auténtico vergel que se va descubriendo a medida que se asciende por los diferentes niveles, hasta llegar a la plataforma de madera que alberga una zona de estar y un estanque.

The garden is composed of an attractive an interesting composition of plants, from trees to magnolia grandiflora and frangipani, as well as plants such as agave, star jasmine and herbs including rosemary, mint and parsley.

Der Garten ist durch eine ansprechende und interessante Zusammensetzung von Pflanzen gekennzeichnet, die von Bäumen wie der großblättrigen Magnolie bzw. Frangipani, über Agave oder chinesischen Sternjasmin bis hin zu Küchenkräutern wie Rosmarin, Minze oder Petersilie reichen.

Le jardin offre une composition attrayante et intéressante d'arbres tels que le magnolia grandiflora ou le frangipanier et de plantes telles que l'agave ou le faux jasmin ou des herbes aromatiques pour la cuisine telles que le romarin, la menthe et le persil.

El jardín se compone de una atractiva e interesante composición de plantas que van desde árboles como la magnolia grandiflora o el frangipani, plantas como el agave o el jazmín estrellado o hierbas culinarias como el romero, la menta o el perejil.

At the entrance, visitors are welcomed by the "Angelo Custode", a beautiful Folon sculpture. This beautiful male figure with stylised folded wings looks towards the building in silent contemplation.

Direkt am Eingang heißt die bildschöne Skulptur „Angelo Custode" von Folon Besucher willkommen. Dieser wunderschöne kleine Mann mit seinen stilisierten Flügeln in Ruheposition blickt in stiller Besinnlichkeit Richtung Gebäude.

Juste à l'entrée l'« Angelo Custode », une précieuse sculpture de Folon, souhaite la bienvenue. Ce joli houblon avec ses ailes stylisées au repos regarde l'édifice dans une contemplation silencieuse.

Justo a la entrada da la bienvenida el "Angelo Custode", una preciosa escultura de Folon. Este hermoso hombrecillo con sus estilizadas alas en reposo mira hacia el edificio en silenciosa contemplación.

Dark turquoise ceramic tiles line the bottom of the pond, from which emerges a plinth supporting another Folon sculpture, "Grand Oiseau", that stands guard over the area.

Dunkeltürkisfarbene Keramikfliesen kleiden den Boden des Teiches aus, aus dem eine Säulenplatte ragt, auf der „Grand Oiseau", eine weitere Skulptur von Folon, wie ein Wächter, der seinen Besitz beschützt, steht.

Des carreaux de céramique turquoise foncée habillent le fond de l'étang dans lequel émerge un socle sur lequel une autre sculpture de Folon, « Grand Oiseau » se tient comme une sentinelle protégeant son domaine.

Azulejos de cerámica turquesa oscuro revisten el fondo del estanque en el cual emerge un plinto sobre el cual otra escultura de Folon, "Grand Oiseau", se mantiene como un centinela protegiendo su dominio.

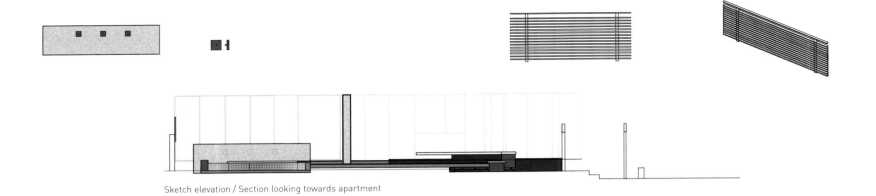

Sketch elevation / Section looking towards apartment

Floor plan

1. Entry
2. Store
3. Living area
4. Kitchen
5. Garage

a. Thai glazed clay tiles
b. Infill between pillars render and paint feature colour
c. Slatted timber screen mounted to front of wall

d. Absolute stone charcoal granite feature inset paving level with decking
e. Jarrah timber decking
f. Rendered brick wall

g. Absolute stone charcoal granite bench seat
h. Washed aggregate paved finish

i. Black granite box. Stainless steel water spouts
j. Stone clad wall

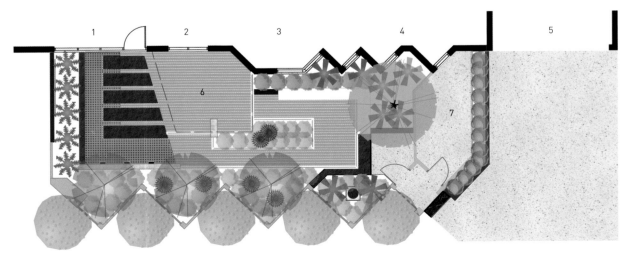

Floor plan

1. Living room   5. Garage
2. Dining room   6. Alfresco
3. Kitchen   7. Store
4. Bedrooms

Grand Oiseau, 2005. Jean-Michel Folon
61 x 103 x 17,5 cm

Angelo Custode, 2005. Jean-Michel Folon
Height: 150 cm
Bronze: 50 cm
The base is in special wood chosen and
designed by Folon

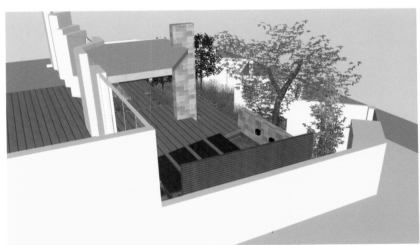

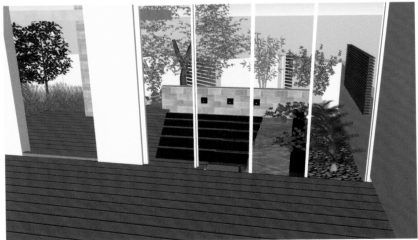

3D perspectives

SOHO TERRACE

NEW YORK CITY, NEW YORK, UNITED STATES

Architect Andrew Wilkinson – Architect PLLC
Structural Engineer Murray Engineering
Photographer © Garrett Rowland

This rooftop sits on the top of a five-storey pre-war building in Manhattan. The owners, a young family, wanted an area that could encompass several uses: a play area for the children, an open-air area to rest, a more formal area with kitchen and dining space and, lastly a more private space next to the guest room and home office space. Once the irregularities of the space had been overcome, these requirements were fused in a relaxing atmosphere with expressive and ingenious use of materials and construction.

In Manhattan befindet sich dieses Dachgeschoss auf einem fünfgeschossigen Gebäude aus der Vorkriegszeit. Der Kunde, eine junge Familie, wünschte sich einen Bereich, der verschiedenen Nutzungen gerecht werden würde: Einen Spielbereich für die Kinder, einen offenen Bereich zum Entspannen, einen formellerer Wohnbereich mit Küche und Esszimmer und schließlich einen privateren Bereich neben einem Gästezimmer und dem Büro im Haus. Nachdem die Unregelmäßigkeiten des Raumes überwunden waren, gelang es, diese Anforderungen in einem Ruhebereich mit ausdrucksvollen und raffinierten Materialien sowie einem ausgeklügelten Aufbau zu verschmelzen.

Cette terrasse se trouve au-dessus d'un édifice de l'après-guerre de quatre étages à Manhattan. Les clients, une famille jeune, souhaitaient un espace multifonctionnel : une aire de jeux pour les enfants, un espace de détente en plein air, un séjour plus formel avec une cuisine et une salle à manger et, enfin, un espace plus intime, adjacent à une chambre d'amis et au home office. Après avoir surmonté les irrégularités de l'espace, on est parvenu à fusionner ces exigences dans un cadre de détente avec des matériaux et une construction expressifs et ingénieux.

Esta azotea se localiza encima de un edificio de la preguerra de cinco pisos en Manhattan. Los clientes, una familia joven, querían una zona que diera cabida a varios usos: un área de juegos para los niños, un espacio abierto de descanso, una zona de estar más formal con una cocina y comedor y, por último, un espacio más privado adyacente a una habitación de invitados y la oficina en casa. Habiendo superado las irregularidades del espacio, se han logrado fusionar estos requisitos en un ambiente de descanso con unos materiales y una construcción expresivos e ingeniosos.

Wood has been used extensively both on the structure and on a lot of the furniture, creating an interesting colour contrast with the urban environment as well as adding a sense of warmth and well-being.

Der Einsatz von Holz erstreckt sich sowohl auf das Tragwerk als auch auf einen großen Teil der Einrichtung, was einen interessanten Farbkontrast zum städtischen Umfeld schafft und zudem ein Gefühl von Wärme und Wohlbefinden vermittelt.

Le bois a été utilisé dans des proportions importantes tant dans la structure que dans le mobilier, ce qui crée un intéressant contraste chromatique avec l'environnement urbain lui apportant aussi une sensation de chaleur et de bien-être.

El uso de la madera se ha hecho extensivo tanto en la estructura como en gran parte del mobiliario lo cual crea un interesante contraste cromático con el entorno urbano aportándole además sensación de calidez y bienestar.

An elevated area at one end of the rooftop terrace houses the kitchen, living room and dining area. The design gives a feeling of comfort, sheltered under the stars overlooking New York city.

Ein erhöhter Bereich an einem Ende der Dachterrasse beherbergt Küche, Wohnzimmer und den Essbereich. Seine Gestaltung bietet das Gefühl, in der Stadt New York unter freiem Himmel behaglich geschützt zu sein.

Un espace surélevé à une extrémité de la terrasse abrite la cuisine, le salon et le coin dînatoire. Sa conception donne la sensation d'être bien abrité à ciel ouvert, à New York.

Una zona elevada en uno de los extremos de la azotea alberga la cocina, el salón y el comedor. Su diseño ofrece la sensación de estar cómodamente resguardado bajo el cielo abierto de la ciudad de Nueva York.

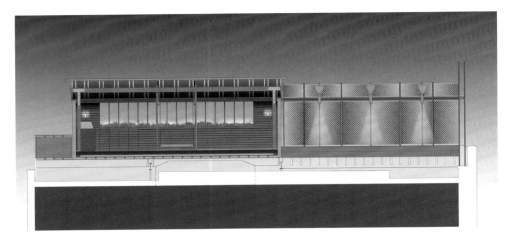

East elevation

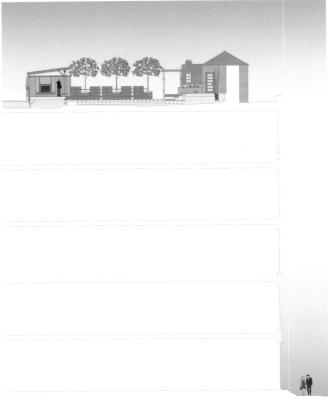

South section

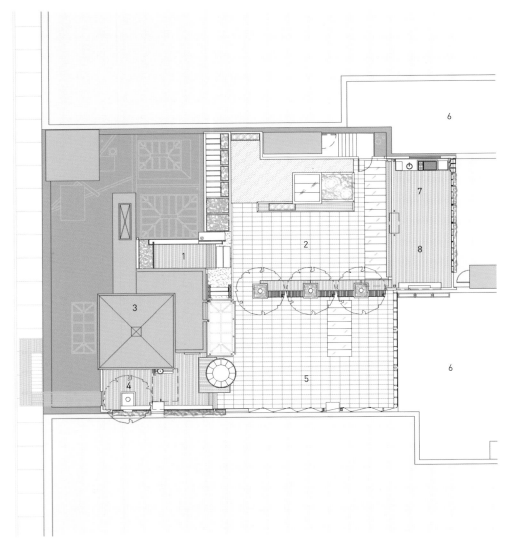

Floor plan

1. Entry
2. Main terrace
3. Existing penthouse
4. Guest terrace
5. Play terrace
6. Courtyard
7. Dining area
8. Living area

This terrace also has a relaxation area: a wood-lined hydro massage bath lets you relax awhile and escape the bustling city.

Auf diese Terrasse passt auch ein Entspannungsbereich: Ein mit Holz ausgekleideter Whirlpool ermöglicht es den Bewohnern, ein Bad zu genießen, während sie sich für einen Moment vom hektischen Leben der Großstadt ausklinken.

La terrasse offre aussi un espace de détente : un jacuzzi en bois permet de profiter d'un bain pour se déconnecter un instant de la vie agitée d'une grande ville.

En esta terraza también tiene cabida una zona de relax: una bañera de hidromasaje revestida de madera nos permite disfrutar de un baño apartándonos por un momento de la agitada vida de una gran ciudad.

NATURE AT HOME

MORELIA, MEXICO

Landscaper **Paisajismo urbano**
Photographer © **Paisajismo Urbano**

This huge project in a private residence is very complex. To ensure it went smoothly, it included the involvement of the prestigious Mexican architect Sergio Magaña, who designed the entire residence. This project includes 365 m² of plant cover divided into thirteen green walls, both inside and outside and in different sizes and with different features and orientations. This requires extensive knowledge of botany when selecting the species that will best adapt to the specific conditions of each wall, such as the light, humidity and temperature. During the three months of the project, almost 11,000 plants from 35 species and 15 different plant families were used.

Dieses immense, in einem Privathaus realisierte Projekt ist ausgesprochen komplex. Dazu wurde das Vertrauen des angesehen mexikanischen Architekten Sergio Magaña gewonnen, der das gesamte Haus entwarf. Dieses Projekt verfügt über 365 Quadratmeter bepflanzte Fläche, die sich in dreizehn grüne Wände untergliedern, die sowohl innen als auch außen vorhanden sind und über unterschiedliche Maße, Eigenschaften und Richtungen verfügen, was ein großes botanisches Wissen voraussetzt, wenn es darum geht, die richtigen Pflanzen auszuwählen, die sich am besten an die Bedingungen jeder einzelnen Wand anpassen, wie Licht, Feuchtigkeit und Temperatur. Etwa drei Monate dauerte diese Arbeit, für die circa 11.000 Pflanzen von 35 Arten und 15 Gattungen verwendet wurden.

Ce projet colossal réalisé dans une résidence privée relève d'une grande complexité. Pour cette raison, on a compté sur la confiance du prestigieux architecte mexicain, Sergio Magaña, qui a conçu toute la résidence. Ce projet comprend 365 mètres carrés de végétation, divisés en treize murs verts tant intérieurs qu'extérieurs de différentes tailles, caractéristiques et orientations, ce qui exige des connaissances approfondies en botanique lors de la sélection des espèces qui s'adaptent le mieux aux conditions spécifiques de chaque mur telles que la lumière, l'humidité ou la température. Au cours des trois mois de réalisation, près de 11.000 plantes de 35 espèces et 15 familles différentes ont été utilisées.

Este inmenso proyecto realizado en una residencia privada es muy complejo. Para ello se contó con la confianza del prestigioso arquitecto mexicano Sergio Magaña, quien diseñó toda la residencia. Consta de 365 metros cuadrados de cobertura vegetal divididos en trece muros verdes tanto interiores como exteriores con diferentes tamaños, características y orientaciones, lo que requiere de un profundo conocimiento botánico a la hora de seleccionar las especies que mejor se adaptan a las condiciones específicas de cada muro, como la luz, la humedad o la temperatura. Durante los tres meses de ejecución se usaron cerca de 11.000 plantas pertenecientes a 35 especies y 15 familias diferentes.

The richness and exuberance of the wall covering becomes the focal point of this sombre and minimalist space and fills it with life.

Die Überschwänglichkeit und Fülle der Wandbedeckung wird zum Mittelpunkt dieses nüchternen und minimalistischen Raumes und erfüllt ihn mit Leben.

La couverture luxuriante et riche du mur devient le centre d'intérêt de cet espace sobre et minimaliste et le remplit de vie.

La exuberancia y riqueza de la cobertura de la pared se convierte en el punto focal de este espacio sobrio y minimalista y lo llena de vida.

The green column decorates the space like a piece of sculpture and adds a note of colour that separates the two areas.

Als handle es sich um eine Bildhauerarbeit, verziert die grüne Säule den Raum, verleiht ihm Farbe und trennt gleichzeitig die beiden Räume voneinander ab.

Comme s'il s'agissait d'une œuvre sculpturale, la colonne verte orne l'espace apportant ainsi une note de couleur tout en séparant les deux environnements.

Como si de una obra escultórica se tratara la columna verde decora el espacio aportando una nota de color a la vez que separa los dos ambientes.

VILLA SERRA

BOLOGNA, ITALY

Architect Gianluca Rossi-Uainot Architetti
Landscaper marsiglilab
Photographer © marsiglilab

This nineteenth century villa has two separate outdoor areas, the terrace and the landscaped roof terrace. The terrace is 60 cm lower than the inside of the property. This height difference has allowed design choices that enhance the existing elements while adding new shapes without creating conflicts with the building's architecture. The space is a garden with a hedge, grass and ornamental bushes. However, the terrace is dominated by the use of wood with a central green element and architectural terracotta pots next to the balustrade.

Diese Villa aus dem 18. Jahrhundert hat zwei verschiedene Außenbereiche, die Terrasse und die begrünte Dachterrasse. Der Bereich der Dachterrasse liegt sechzig Zentimeter unterhalb der Ebene des Innenraums des Hauses. Dieser Höhenunterschied ermöglichte es, Designentscheidungen zu treffen, welche die vorhandenen Elemente hervorheben und neue Geometrien hinzufügen, ohne Konflikte mit den architektonischen Elementen des Gebäudes zu erzeugen. Der Raum ist ein Garten mit umlaufender Hecke, Rasen und Ziersträuchern. Bei der Terrasse herrscht jedoch die Verwendung von Holz vor. Hier befinden sich ein zentrales, grünes Element und wohlgeformte Terrakotta-Blumentöpfe neben der Balustrade.

Cette villa du XVIIIe siècle offre deux espaces séparés en plein air, la terrasse et le jardin sur toit. L'espace du jardin sur toit se trouve à soixante-dix centimètres en dessous du niveau de l'intérieur de l'habitation. Cette différence de hauteur a permis de faire des choix de conception qui permettent de surélever les éléments existants tout en ajoutant de nouvelles géométries sans pour autant créer de conflits entre les éléments architectoniques de l'édifice. L'espace est un jardin avec des haies à la périphérie, du gazon et des arbustes d'ornement. Sur la terrasse prédomine cependant la présence du bois sur laquelle se trouve un élément phare verdoyant et des pots de fleurs sculpturaux en terre cuite, à côté de la balustrade.

Esta villa del siglo XVIII cuenta con dos zonas diferenciadas al aire libre, la terraza y la azotea ajardinada. La zona de la azotea está sesenta centímetros por debajo del nivel del interior de la vivienda. Esta diferencia de altura ha permitido hacer elecciones de diseño que realzan los elementos existentes añadiendo nuevas geometrías, sin crear conflictos con los elementos arquitectónicos del edificio. El espacio es un jardín con setos perimetrales, césped y arbustos ornamentales. En la terraza, sin embargo, predomina el uso de la madera en la que se encuentra un elemento central verde y unas esculturales macetas de terracota junto a la balaustrada.

There are incredible views from the dining area, surrounded by *Agapanthus africanus*, *Buxus semperivens* and *Pittosporum tobira*. At sunset, the light creates a charming and intimate atmosphere.

Vom Essbereich, umgeben von *Agapanthus africanus*, *Buxus semperivens* und *Pittosporum tobira*, genießen die Bewohner die beeindruckende Aussicht. Wenn die Sonne sinkt, schafft die Beleuchtung eine vertraute und wohnliche Atmosphäre.

Depuis la salle à manger, entourée d'*Agapanthus africanus*, de *Buxus semperivens* et de *Pittosporum tobira*, il est possible de jouir de vues magnifiques. Au coucher du soleil, la lumière crée une ambiance intime et accueillante.

Desde la zona de comedor, rodeada de *Agapanthus africanus*, *Buxus semperivens* y *Pittosporum tobira*, se puede disfrutar de increíbles vistas. Al caer el sol, la iluminación crea una atmósfera intima y acogedora.

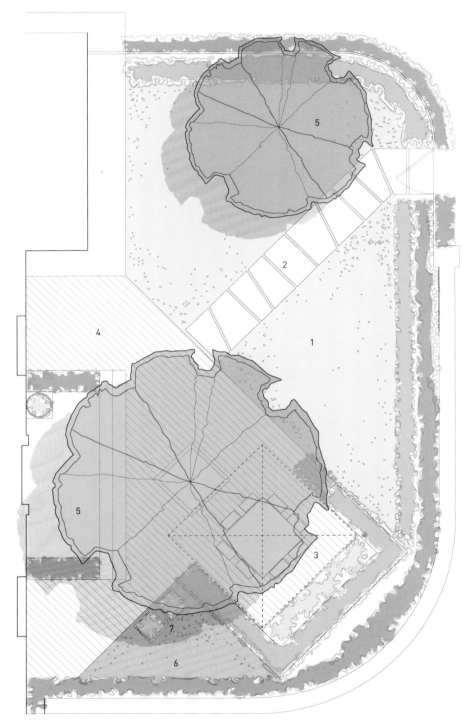

1. Lawn
2. Stone paved path
3. Dining area
4. Ipe tabebuja wood flooring
5. Existing trees
6. Gravel paved area
7. Vases with boxwood

Floor plan

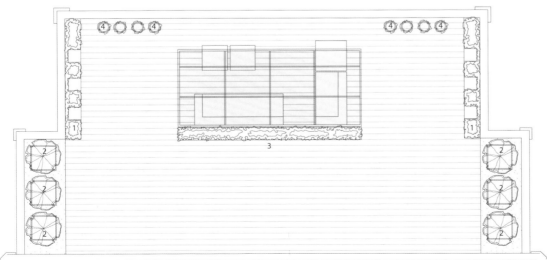

Floor plan

The *Olea europaea* trees in the Corten steel pots are lit from below to make them stand out.

Um deren Präsenz hervorzuheben, werden die *Olea europaea* Olivenbäume in Töpfen aus Corten-Stahl von unten beleuchtet.

Pour surélever sa présence, les *Olea europaea* des jardinières en acier corten sont éclairées par le bas.

Para realzar su presencia, los árboles de *Olea europaea* de los maceteros de acero corten están iluminados desde abajo.

MAXIMUM REWARDS

LONDON, UNITED KINGDOM

Landscaper Stefano Marinaz Landscape Architecture
Photographer © Stefano Marinaz, Alexander James

Space for a garden is at a premium in London and this house in Chelsea is no exception. This two-level design offers a good solution. Making the garden an extension of the house has created a sensation of space both inside and outside. The upper level extends from the kitchen and the lower level extends out from the living room. This connection between interior and exterior is created by extending the range of materials, shapes and colours from the house to the garden. The sandstone used inside the house is also used outside on paving and garden steps, specially treated to create a non-slip surface.

Der Platz für einen Garten ist in London häufig begrenzt, und dabei macht der Stadtteil Chelsea keine Ausnahme. Diese Gestaltung auf zwei Ebenen bietet eine gute Lösung für dieses Problem. Indem die Gestalter den Garten zu einer echten Erweiterung des Hauses machten, entstand innen und außen das Gefühl eines größeren Raumes. Die obere Ebene erstreckt sich von der Küche und die untere Ebene vom Wohnzimmer aus. Durch die Ausdehnung der Palette an Materialien, Formen und Farben vom Haus auf den Garten wurde diese Verbindung zwischen Innen und Außen geschaffen. Der im Inneren eingesetzte Sandstein wird zum Material für Pflasterung und Stufen im Garten - mit einer Spezialbehandlung, um zu verhindern, dass es rutschig ist.

L'espace dédié au jardin est souvent limité à Londres et, celui-ci qui se trouve à Chelsea, ne fait pas exception. Cette conception à deux niveaux offre une bonne solution à ce problème. Faisant du jardin une véritable extension de la maison, on a voulu créer une sensation plus grande de l'espace intérieur et extérieur. Le niveau supérieur part de la cuisine, tandis que l'inférieur depuis le séjour. Cette connexion entre l'intérieur et l'extérieur a été renforcée par l'extension de la palette de matériaux, de formes et de couleurs de la maison au jardin. Le grès utilisé à l'intérieur devient le matériau pour le revêtement et les marches donnant sur le jardin, avec un traitement particulier pour éviter qu'il soit glissant.

El espacio para un jardín es a menudo limitado en Londres, y este, en Chelsea, no es la excepción. Este diseño de dos niveles ofrece una buena solución a este problema. Haciendo del jardín una verdadera extensión de la casa se ha creado una sensación más grande del espacio dentro y fuera. El nivel superior se extiende desde la cocina y el inferior desde la sala de estar. Este vínculo entre el interior y el exterior se ha forjado extendiendo la paleta de materiales, formas y colores de la casa al jardín. La arenisca utilizada en el interior se convierte en el material para el pavimento y escalones del jardín, con un tratamiento especial para evitar que sea resbaladizo.

To emphasise the connection between the spaces, the design of the stone bench against the wall in the upper garden is similar to a bench inside the house. Planting adds a sense of depth, colour and aroma to the year-round design.

Um die Verbindung zwischen den Räumen zu unterstreichen, empfindet die Gestaltung der Steinbank an der Wand des oberen Gartens die Formgebung einer Bank im Haus nach. Die Vegetation sorgt das ganze Jahr über für Tiefe, Farben und Düfte.

Pour souligner la connexion entre les espaces, la conception du banc en pierre contre le mur du jardin supérieur imite celui d'un banc qui se trouve à l'intérieur de la maison. La végétation apporte toute l'année de la profondeur, de la couleur et de la senteur au design.

Para enfatizar la conexión entre los espacios, el diseño del banco de piedra contra la pared del jardín superior imita el de un banco dentro de la casa. La vegetación aporta profundidad, color y olor al diseño durante todo el año.

Three *Amelanchier lamarckii* on the lower level gave the garden its focal point, combined with evergreen plants and bushes chosen for their white, green and blue flowers.

Drei Exemplare *Amelanchier lamarckii* auf der unteren Ebene bilden den Mittelpunkt des Gartens, kombiniert mit Pflanzen und immergrünen Sträuchern, die aufgrund ihrer weißen, grünen bzw. blauen Blüten ausgewählt wurden.

Trois *Amelanchiers lamarckii* au niveau inférieur sont l'axe central du jardin, avec des plantes et des arbustes à feuillages persistants, choisis pour leurs fleurs blanches, vertes et bleues.

Tres ejemplares de *Amelanchier lamarckii* en el nivel inferior son el punto focal del jardín, combinados con plantas y arbustos de hoja perenne elegidos por sus flores blancas, verdes o azules.

The garden lighting has been carefully designed to create a warm and inviting feel at sunset, a delightful place to dine by candlelight under the stars.

Die Gartenbeleuchtung sowie die übrigen Elemente wurden sorgfältig entworfen, um bei Sonnenuntergang eine warme und behagliche Atmosphäre zu schaffen, die dazu einlädt, angenehme Abende unter dem Sternenhimmel zu genießen.

L'éclairage du jardin a été minutieusement conçu pour créer, au coucher du soleil, une ambiance chaleureuse et accueillante qui invite à profiter des soirées agréables sous les étoiles.

La iluminación del jardín ha sido cuidadosamente diseñada para crear, al caer el sol, un ambiente cálido y acogedor que invita a disfrutar de agradables veladas bajo las estrellas.

Perspective

ELLIS FIELDS

HERTFORDSHIRE, UNITED KINGDOM

Architect **Nicolas Tye Architects**
Landscaper **Kiwi Greenfingers**
Photographer © **Nerida Howard**

The extension to the Ellis Fields house was designed to create a connection between the different interior and exterior spaces, made possible by the extensive use of glass. The design offers uninterrupted views of the garden and sky from any direction. This created a need for a garden that would be attractive at all times of year and that could be enjoyed to the full. On the eastern side, there is a stretch of grass surrounded by flowers and a backdrop of an impressive range of trees and bushes. When the sliding doors are open, the terrace area becomes part of the living room.

Der Ausbau des Ellis Fields-Hauses wurde mit dem Ziel konzipiert, eine Verbindung zwischen den verschiedenen Innen- und Außenräumen zu schaffen, was der umfangreiche Einsatz von Glas ermöglichte. Der Entwurf bietet von jedem Platz des Hauses aus einen durchgehenden Blick in den Garten und zum Himmel. Dies führte zu der Vorstellung von einem Garten, der in jeder Jahreszeit hübsch anzusehen wäre und sich zudem maximal nutzen ließe. An der Ostseite befindet sich eine von Blumen umgebene Grasfläche und im Hintergrund verfügt er über einen beeindruckenden Bereich mit Bäumen und Sträuchern. Sind die Schiebetüren geöffnet, ist der Terrassenbereich schließlich in den Wohnbereich eingebunden.

L'extension de la maison Ellis Fields a été conçue dans l'objectif de créer une connexion entre les divers espaces interne et externe, rendue possible grâce à l'utilisation intensive de vitres. Le design offre des vues permanentes du ciel et du jardin depuis n'importe quel lieu. Ceci a amené à penser à un jardin attirant à n'importe quelle époque de l'année et pouvoir en tirer le meilleur parti. À l'est, un parterre verdoyant entouré de fleurs et, comme toile de fond, une impressionnante étendue d'arbres et d'arbustes. Lorsque les portes coulissantes sont ouvertes, l'espace de la terrasse s'intègre au séjour.

La extensión de la casa Ellis Fields ha sido diseñada con el propósito de crear una conexión entre los diferentes espacios interna y externamente que ha sido posible por el uso extensivo del cristal. El diseño ofrece vistas continuas del cielo y del jardín desde cualquier lugar. Esto llevó a pensar en un jardín que se viera atractivo en cualquier época del año y además poder sacarle el máximo partido. En el lado este, una extensión de hierba rodeada de flores y, como telón de fondo, una impresionante extensión de árboles y arbustos. Cuando las puertas correderas están abiertas la zona de terraza pasan a estar integrada con la zona de estar.

The same material has been used for the flooring inside and outside, creating a sense of continuity and integrating the two areas.

Für den Boden von Innenraum und Terrasse wurde das gleiche Material verwendet, was ein Gefühl von Kontinuität und Integration der Räume gewährleistet.

Le même matériau a été utilisé pour le sol de l'intérieur et de la terrasse, ce qui confère une sensation de continuité et d'intégration des espaces.

Se ha utilizado el mismo material para el pavimento del interior y de la terraza lo cual asegura una sensación de continuidad e integración de los ambientes.

PENTHOUSE IN LA MORALEJA

ALCOBENDAS, MADRID, SPAIN

Landscaper **Liquidambar**
Photographer © **Liquidambar**

The design of this terrace developed from the owner's desire to turn it into a spectacular, very structured garden with water and unique plants and different areas for different uses.
The paving was transformed using composite decking over a metal structure, creating completely horizontal paving that is durable and low maintenance. This design includes different levels all around the edge, filled with large pebbles, from which lacquered iron pots emerge as well as other ironwork, such as the fountain. The plants are all evergreen to ensure they look vibrant all year.

Das Design dieser Terrasse geht auf den Wunsch ihres Besitzers ein, sie in einen spektakulären Garten mit Wasser, exemplarischen und sehr strukturierten pflanzlichen Elementen und unterschiedlichen Aufenthaltsbereichen zu verwandeln.
Der Boden wurde als Podest aus Verbundmaterial über Metall realisiert, wodurch ein vollkommen horizontaler Boden entsteht, der lange hält und geringe Pflegeansprüche stellt. Diese Ebene enthält in ihrem gesamten Umfang Ausschnitte in Form von Spalten mit runden Steinen, aus denen sich die Pflanztöpfe aus lackiertem Eisen gemeinsam mit geschlosserten Teilen, wie dem Brunnen, erheben. Die Bepflanzung wurde immergrün gewählt, um ganzjährig belaubt zu sein.

La conception de cette terrasse répond au souhait de son propriétaire d'en faire un jardin spectaculaire avec de l'eau, des éléments végétaux exemplaires et très structurés, avec divers espaces de détente.
On a transformé le revêtement avec un parterre de composite sur une structure métallique laissant un revêtement totalement horizontal et durable avec un entretien moindre. Ce plan reprend les découpages sur tout son périmètre de sorte que des fentes avec des pierres arrondies surgissent des pots de fleurs en fer laqués, à proximité de tous les éléments en fer forgé tels que la fontaine. Les éléments végétaux sont à feuilles pérennes afin que le feuillage luise durant toute l'année.

El diseño de esta terraza responde al deseo de su dueño de convertirla en un espectacular jardín con agua, elementos vegetales ejemplares y muy estructurado, con zonas estanciales diferenciadas.
Se transformó el pavimento con tarima de composite sobre estructura metálica, dejando un pavimento totalmente horizontal y de gran durabilidad y menor mantenimiento. Este plano recoge recortes, en todo su perímetro, a modo de grietas con piedras redondeadas, de las que surgen las macetas de hierro lacadas, junto con todas las piezas de cerrajería como la fuente. Los elementos vegetales son de hoja perenne, para que luzca frondoso todo el año.

The purple robinia in the streets around the terrace provide a cheery contrast with the green of the magnolia grandiflora and the laurels.

Die Robinien mit violetten Blüten von der Straße, welche die Terrasse umgeben, bilden einen fröhlichen Kontrast zum Grün der großblütigen Magnolien und des Lorbeer.

Les faux acacias à fleurs violettes de la rue qui entoure la terrasse contrastent légèrement avec le vert des magnolias grandiflora et les lauriers.

Las robinias de flor morada de la calle que circunda la terraza contrastan alegremente con los verdes de los magnolios grandiflora y los laureles.

Some stunning examples of boxwood, trimmed into spheres, run along the entire front of the terrace.

Einige spektakuläre vollkommen kugelförmige Buchsbaumexemplare verlaufen über den gesamten vorderen Bereich der Terrasse.

De spectaculaires exemplaires de buis entièrement taillés en forme de sphères parcourent toute la partie avant de la terrasse.

Unos espectaculares ejemplares de boj totalmente tallados como esferas recorren toda la parte frontal de la terraza.

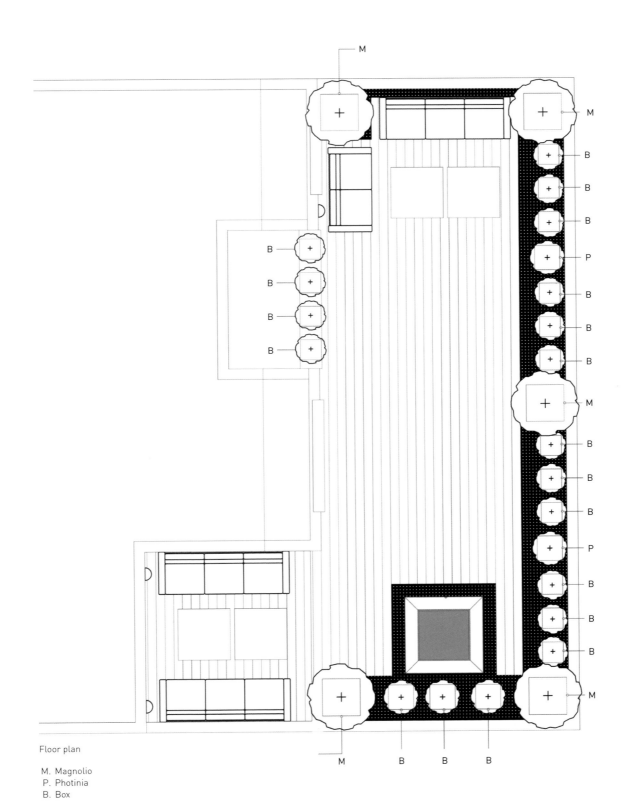

Floor plan

M. Magnolio
P. Photinia
B. Box

The renovation of this terrace has added a new area to the apartment, with all the advantages of a living room but with the added bonus of the sun and marvellous views.

Der Umbau dieser Terrasse hat der Wohnung einen neuen Raum geschenkt, mit allen Annehmlichkeiten eines Wohnzimmers und gleichzeitig Sonne und tollem Blick.

Les travaux de cette terrasse ont offert à cet appartement une nouvelle pièce avec toutes les commodités d'un salon tout en profitant du soleil et des vues magnifiques.

La reforma de esta terraza ha regalado a este piso una nueva estancia con todas las comodidades de un salón mientras se disfruta del sol y de maravillosas vistas.

URBAN PARADISE

SEVILLA, SPAIN

Landscaper **Xeriland**
Photographer © **Alberto Ojembarrena**

This project is unusual in that it consists of several mini gardens, a vegetable patch, terrace and English courtyard garden, connected to one another and to the different living areas. The entrance has unusual paving made of enormous slabs that draw you in slowly as you enjoy the surrounding plants. The garden is not fully visible at first, but is slowly revealed as you follow the various routes and paths, each different from the last. Each path has an amazing view, both forwards and when looking back.

Dieses Projekt zeichnet sich dadurch aus, dass es in sich die unterschiedlichsten Minigärten, Terrasse und Lichthof vereint, die untereinander und mit den verschiedenen Bereichen des Wohnhauses verbunden sind. Der Hauseingang selbst überrascht mit einem Fußweg aus riesigen Steinplatten, die dazu anhalten, langsam einzutreten und die umgebende Vegetation zu betrachten. Der Garten ist nie als Ganzes zu sehen, er kann nur über die verschiedenen Wege erkundet und entdeckt werden, die alle einzigartig sind. Jeder von ihnen bietet in beide Richtungen erstaunliche Perspektiven.

Ce projet a pour spécificité d'être composé de plusieurs mini-jardins, d'un potager, d'une terrasse et d'un patio anglais reliés entre eux et avec divers espaces de vie. Une même entrée à la maison surprend avec une aciération à base d'énormes dalles qui incitent à entrer doucement tout en admirant la végétation qui nous entoure. Le jardin est partiellement visible, il se découvre au fur et à mesure des divers parcours et passages, chacun conçu de manière différente. Chaque parcours a une perspective étonnante vers l'avant et vers l'arrière.

Este proyecto tiene la particularidad de que está compuesto por varios minijardines, huerto, terraza y patio inglés, conectados unos con otros entre sí y con las diferentes estancias de la vivienda. La misma entrada a la vivienda sorprende con un acerado a base de enormes losas que incitan a entrar despacio observando la vegetación que nos envuelve. El jardín no se ve en su totalidad, sino que se va descubriendo a través de los distintos recorridos y paseos diseñados cada uno con una particularidad diferente. Cada recorrido tiene una perspectiva asombrosa, hacia adelante y hacia atrás.

The different gardens are designed in different ways. Some are based on geometric shapes with myrtle bushes and others are freer with different shades of green and seasonal blooms to ensure plant cover all year.

Die unterschiedlichen Gärten wurden zum Teil auf Grundlage geometrischer Formen mit Myrtenhecken angelegt, andere freiere mit einer Vielzahl an Grüntönen und Blütezeiten, wodurch sie das ganze Jahr über attraktiv sind.

Les différents jardins sont conçus sur la base de formes géométriques pour certains avec des haies de myrtes, tandis que d'autres ont des formes plus libres avec divers tons verts et floraisons saisonnières qui resteront tout au long de l'année.

Los diferentes jardines están diseñados unos a base de formas geométricas con setos de mirto frente otras más libres con variedad de tonalidades de verdes y floraciones estacionales para dar permanencia a lo largo de todo el año.

Near the kitchen, we find the small vegetable patch with raised Corten steel beds to make gardening easier.

In der Nähe der Küche befindet sich ein kleiner Gemüse- und Kräutergarten mit Töpfen aus oxidiertem Stahl, die um die Arbeit zu erleichtern erhöht stehen.

À proximité de la cuisine, une petite haie avec des jardinières surélevées en acier taillées afin de faciliter le travail.

Cerca de la cocina se encuentra un pequeño huerto realizado con maceteros elevados de acero corten para facilitar el trabajo.

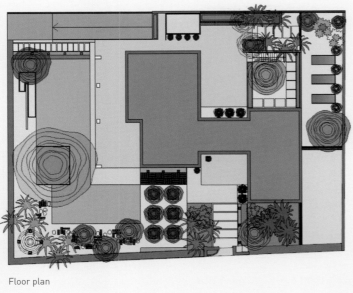

Floor plan

In the narrowest areas, succulent plants have been used, perfect for low maintenance gardens.

Für die schmalsten Stellen wurden sehr genügsame, für Gärten mit geringem Pflegebedarf geeignete Pflanzen gewählt.

Dans les zones les plus étroites, on a utilisé des plantes grasses appropriées pour des jardins requérant peu d'entretien.

En las zonas más estrechas se han utilizado plantas crasas muy aptas para jardines de bajo mantenimiento.

INDUSTRIAL URBAN GARDEN

ROATH, CARDIFF, UNITED KINGDOM

Landscaper Robert Hughes Garden Design
Photographer © Robert Hughes

The aim of this project was to create a fresh, minimalist garden that was at once fascinating and unique. A low maintenance garden, with textures, touches of green and white and with the feel of a Japanese garden. The small garden was like a blank slate, albeit neglected. It was covered in weeds with an awkward side passage. The only view of the garden was through the passage, so the design needed to draw the eye towards a focal point. An Asahi panel on the shed made from black wood creates this focal point, while the modern stone pots and granite paving draw the eye towards the garden path.

Ziel dieses Projektes war, einen frischen und minimalistischen Garten zu schaffen, der gleichzeitig faszinierend und einzigartig ist. Ein pflegeleichter Garten mit Texturen, Anklängen von Grün und Weiß und der Atmosphäre eines Gartens im japanischen Stil.
Der kleine Garten war wie eine vernachlässigte, leere Leinwand, mit Vegetation bedeckt und einem unbequemen seitlichen Durchgang. Die Aussicht Richtung Garten am Durchgang vorbei war möglich, somit musste der Entwurf den Blick zu einem Brennpunkt hin leiten. Ein Asahi-Paneel auf einem schwarzen Holzunterstand erzeugt einen Anziehungspunkt, während die modernen mit Stein verkleideten Blumentöpfe und die Granitpflasterung den Blick des Betrachters Richtung Gartenweg lenken.

L'objectif de ce projet était de créer un jardin à la fois frais et minimaliste et, attrayant et unique. Un jardin nécessitant peu d'entretien, avec des textures, des notes verte et blanche dans l'ambiance d'un jardin de style japonais.
Le petit jardin était comme une toile blanc cassé, rempli de végétation, avec un passage latéral gênant. La seule vue sur ce jardin était le long du passage, la conception devait ainsi porter le regard vers un point central. Un panneau asahi dans un abri en bois noir apporte un centre d'intérêt, tandis que les jardinières au style moderne, revêtues de pierre et le revêtement en granit offrent à l'usager une vue sur l'allée du jardin.

El objetivo de este proyecto era crear un jardín fresco y minimalista a la vez que fascinante y único. Un jardín de bajo mantenimiento, con texturas, notas de verde y blanco y con la atmósfera de un jardín de estilo japonés. El pequeño jardín era como un lienzo en blanco descuidado, cubierto de vegetación, con un pasaje lateral incómodo. La única vista hacia el jardín estaba a lo largo del pasaje, así que el diseño tenía que llevar la mirada hacia un punto focal. Un panel Asahi en un cobertizo de madera negra crea el punto de interés, mientras que los modernos maceteros revestidos en piedra y el pavimento de granito dirigen la mirada del usuario hacia el camino del jardín.

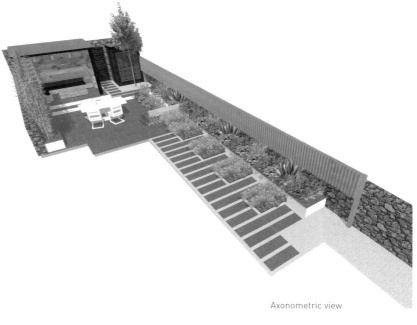

Axonometric view

A sheltered living area means the terrace can be used all year round. The reclaimed wood used on the walls adds an industrial feel.

Ein geschützter Aufenthaltsbereich ermöglicht den Benutzern, die Terrasse das ganze Jahr über zu genießen. Das für die Wände eingesetzte recycelte Holz gibt dem Ganzen eine industrielle Note.

Un séjour protégé permet de profiter de la terrasse toute l'année. Le bois récupéré pour ses parois ajoute une touche industrielle à l'ensemble.

Una zona de estar protegida permite disfrutar de la terraza durante todo el año. La madera recuperada empleada para sus paredes añade un toque industrial al conjunto.

W41 HOUSE

CANCUN, MEXICO

Architect **Warm Architects – Carlos Armando del Castillo**
Photographer © **Zaruhy Sangochian**

The architectural program for this house is defined by the native plants such as *Thrinax radiata*, Thatch Palm, and a *Melicoccus bijugatus*, Spanish Lime, in the centre of the building, which put the focus on the constructed spaces that shelter them.
The courtyard and the staircase volumes distribute the spaces across both levels. On the ground floor, the living room and the dining room are accessed via the courtyard, where the glass walls open up and make the first level a unique inner-outer space. On the second level, the trees create a dappled effect.

Das architektonische Programm dieses Wohnhauses definiert sich über die endemische Vegetation, wie Florida-Dreizackpalmen (*Thrinax radiata*) und einen spanischen Limettenbaum (*Melicoccus bijugatus*) in der Mitte des Gebäudes, die den Blick auf die gebauten Räume richten, welche sie umgeben und schützen.
Es sind der Patio und die Treppenräume, welche die Räume auf beiden Ebenen trennen. Im unteren Geschoss wird die Verbindung zwischen Wohnzimmer und Speisezimmer durch den Patio erreicht und die Öffnung der Glaswände verwandelt den ersten Stock in einen einzigen Innen-Außen-Raum. Die obere Etage ist ganz den Licht- und Schattenspielen gewidmet, die auf die Wipfel der Bäume projiziert werden.

Le programme architectonique de cette maison est défini à partir de la végétation endémique telles que les *Thrinax radiata* et un quenettier, *Melicoccus bijugatus*, au centre de la bâtisse qui offrent une vue sur les espaces construits avoisinants.
Il s'agit du patio et de l'espace des escaliers qui divisent les espaces en deux niveaux. Au rez-de-chaussée, le salon est connecté à la salle à manger par le patio et l'ouverture de ses murs en verre vers le premier étage est un espace unique intérieur-extérieur. Le deuxième étage offre des jeux de lumière et d'ombre projetés par les cimes des arbres.

El programa arquitectónico de esta vivienda se define a partir de la vegetación endémica como palmas Chit, *Thrinax radiata* y un árbol de huaya, *Melicoccus bijugatus*, en el centro de la edificación, que dotan de vista a los espacios construidos que los resguardan.
Son el patio y el volumen de escaleras los que distribuyen los espacios en ambos niveles. En la planta baja, la conexión entre la sala y el comedor se logra a través del patio, y la apertura de sus muros acristalados hace del primer nivel un único espacio interior-exterior. El segundo nivel está dotado de juegos de luz y sombra proyectados por las copas de los árboles.

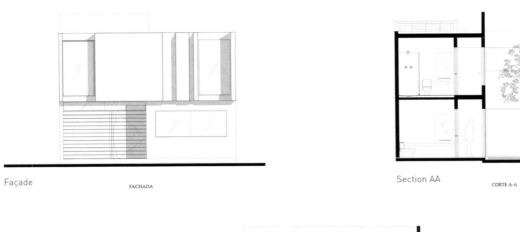

Façade   FACHADA

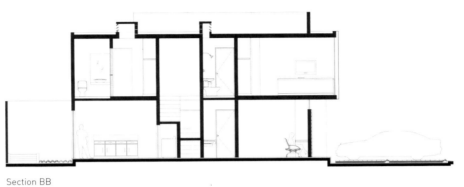

Section AA   CORTE A-A

Section BB

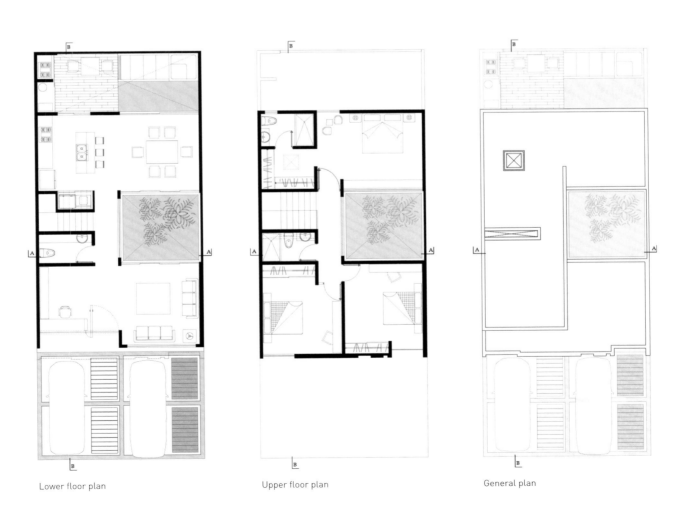

Lower floor plan   Upper floor plan   General plan

ISLINGTON GARDEN

ISLINGTON, LONDON, UNITED KINGDOM

Landscaper **Roberto Silva Landscape and Garden Design**
Photographer © **Roberto Silva**

This small garden is an unusual L shape, with an old leylandii on one side of the L in front of the living room and the other side near the bedroom. The design is organic and simple. A large area of wooden decking extends out from the house, acting as an extension of the living room, suitable for a small table and chairs. This small area also acts as a path into the garden. From the platform, a long, sinuous line creates an organic shape around the garden, a little like a dry pond. The material used is resin bonded gravel framed with steel edging.

Dieser kleine Garten hat eine ungewöhnliche L-Form mit einer alten Leyland-Zypresse, die auf der einen Seite vor dem Wohnzimmer und auf der anderen Seite in der Nähe des Schlafzimmers steht. Der Entwurf ist sehr organisch und einfach. Vom Haus aus dient ein großes Holzpodest als Erweiterung des Wohnzimmers, wo ein kleiner Tisch und Stühle aufgestellt werden können. Dieser Bereich dient zugleich als breiter Übergang in den Garten. Von der Plattform aus lässt eine lange kurvige Linie eine organische Form quer durch den Garten entstehen, die an einen trockenen Teich erinnert. Als Material wurde mit Kunstharz befestigter Feinkies verwendet, der durch Stahlkanten begrenzt wird.

Ce petit jardin a une forme inhabituelle en L, avec un vieux cyprès de Leyland devant le séjour et l'autre côté se trouve près de la chambre. La conception est très organique et simple. Depuis la maison, un vaste parquet en bois sert d'extension au séjour où il est possible d'installer une table basse et des chaises. Ce petit espace sert aussi de large couloir donnant sur le jardin. Depuis la plateforme, une ligne longue et sinueuse crée une forme organique autour du jardin qui rappelle un étang asséché. Le matériau utilisé est le gravillon fixé avec de la résine et entouré de bordures en acier.

Este pequeño jardín tiene una inusual forma de L, con un viejo ciprés de Leyland en un lado, delante de la sala de estar, y el otro lado cerca de la habitación. El diseño es muy orgánico y sencillo. Desde la casa, una gran tarima de madera actúa como una extensión de la sala de estar donde poder instalar una pequeña mesa y sillas. Esta pequeña área funciona también como un paso amplio hacia el jardín. Desde la plataforma, una línea larga y sinuosa crea una forma orgánica alrededor del jardín que recuerda a un estanque seco. El material utilizado es gravilla fijada por medio de resina y enmarcada con perfiles de acero.

Red cedarwood was chosen for the fence that encloses the garden as well as for a panel at the end of the garden that conceals the shed.

Für die Verkleidung des den Garten umgebenden Zaunes und die Errichtung eines Paneels am Ende des Gartens, welches den Schuppen verdeckt, wurde westliche Rotzeder gewählt.

On a pris du bois de cèdre rouge occidental pour recouvrir la clôture qui entoure le jardin, ainsi que pour surélever un panneau qui se trouve au fond du jardin qui cache l'auvent.

Se escogió madera de cedro rojo occidental para revestir la valla que rodea el jardín así como para levantar un panel al final del jardín que oculta el cobertizo.

The plants used are very architectural and informal, such as *Fatsia Japonica*, *Phyllostachys nigra* and *Miscanthis sinensis*.

Die Vegetation ist sehr architektonisch und informal, es kommen Pflanzen wie *Fatsia Japonica*, *Phyllostachys nigra* und *Miscanthis sinensis* zum Einsatz.

La plantation est très architectonique et informelle en recourant des plantes telles que le *Fatsia Japonica*, le *Phyllostachys nigra* et le *Miscanthis sinensis*.

La plantación es muy arquitectónica e informal utilizando plantas como *Fatsia Japonica*, *Phyllostachys nigra* y *Miscanthis sinensis*.

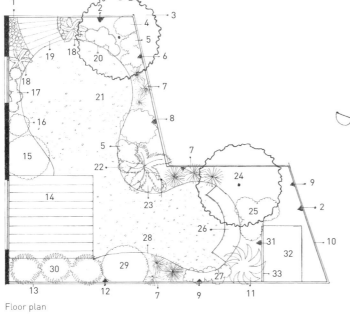

Floor plan

1. Cobbles
2. *Vitis coignetiae*
3. *Eryobotria japonica*
4. *Hydrangea "navabelle"*
5. 5 x *Euphorbia robbiae*
6. Existing clematis
7. 3 x *Libertia formosa*
8. Existing jasmin
9. *Fatshedera*
10. Slatted fence
11. *Phormium tenax*
12. *Akebia quinata*

13. Slatted trellis
14. Decking
15. *Hydrangea macrophyla*
16. *Viburnum davidii*
17. 4 x *Hosta* sp
18. *Dryopteris filix-mas*
19. Decking path
20. 5 x *Hosta* sp.
21. Self binding gravel
22. *Dicksonia Antarctica*
23. 5 x *Bergenia* sp.
24. Existing *Leylandii*

25. 3 x *Hydrangea quercifolia*
26. Oak Seat
27. 3 x *Bergenia* sp.
28. Timber edge
29. *Euphorbia mellifera*
30. 3 x *Phyllostachys nigra*
31. *Humulus lupulus aureus*
32. Shed
33. Slatted Screen

A REFRESHING COURTYARD

MADRID, SPAIN

Landscaper **La habitación verde**
Photographer © **La habitación verde, Landscape Studio**

This small space is the real heart of the home. The house is based around this central courtyard that creates soft light inside the house. To emphasise this space and incorporate a large chimney that was in the centre, a central fountain was designed to act as a visual focus.
The voluptuous plants contrast with the metal surfaces and straight lines, generating a space where classicism and modernity go hand in hand, a small courtyard that can be seen from the inside of the house and where tranquillity and the sound of the water create a relaxing and captivating atmosphere.

Dieser kleine Raum ist zum Herzen des Hauses geworden. Der Wohnbereich umgibt diesen zentralen Innenhof, der das Innere des Hauses mit sanftem Licht versorgt. Um den Raum zu betonen und einen großen Schornstein zu integrieren, der sich im mittleren Teil befand, wurde ein zentraler Brunnen als optischer Schwerpunkt gesetzt.
Die Üppigkeit der Pflanzen steht im Kontrast zu den geradlinigen Flächen aus Metall, dadurch entsteht ein Raum, in dem Klassizismus und Moderne Hand in Hand gehen; ein kleiner Patio, der vom Inneren des Hauses aus zu betrachten ist, in dem die Ruhe und der Klang des Wassers eine entspannende und anziehende Wirkung entfalten.

Ce petit espace se trouve au cœur de la maison. La maison tourne autour de ce patio central qui offre une lumière tamisée à l'intérieur de la maison. Pour souligner cet espace et inclure une grande cheminée qui avait au centre une source centrale servant de foyer central.
La voluptuosité des plantations contraste avec les surfaces en métal des lignes droites et pures créant ainsi un espace dans lequel le classicisme et la modernité sont indissociables ; un petit patio qui s'admire depuis l'intérieur de la maison et dans lequel la tranquillité et le murmure de l'eau créent un effet relaxant et séduisant.

Este pequeño espacio resulta ser el corazón de la casa. La vivienda gira en torno a este patio central que proporciona una suave luz al interior de la casa. Para enfatizar este espacio e integrar una gran chimenea que había en su parte central se diseñó una fuente central que actúa como foco visual.
La voluptuosidad de las plantaciones contrasta con las superficies de metal de líneas rectas y puras generando un espacio en el que clasicismo y modernidad van de la mano; un pequeño patio que se contempla desde el interior de la casa y en el que la tranquilidad y el sonido del agua crean un efecto relajante y cautivador.

The courtyard is completed with a large concrete planter with climbing plants and bushes and aromatic plants to provide freshness, as well as a group of pots that are reminiscent of traditional Mediterranean courtyards.

Der Patio wird durch einen großen gemauerten Blumenkasten mit Kletterpflanzen, Strauchgewächsen und duftenden Pflanzen vervollkommnet, die für Frische sorgen, sowie eine Gruppe Töpfe, eine Reminiszenz an die traditionellen mediterranen Patios.

Le patio est agrémenté d'une grande jardinière en béton avec des plantes grimpantes, aromatiques et des arbustes qui donnent de la fraîcheur et un ensemble de pots de fleurs qui sont un clin d'œil aux traditionnels patios méditerranéens.

El patio se complete con una gran jardinera de obra con trepadoras y plantas arbustivas y aromáticas que aportan frescor y con un grupo de macetas que son un guiño a los patios tradicionales mediterráneos.

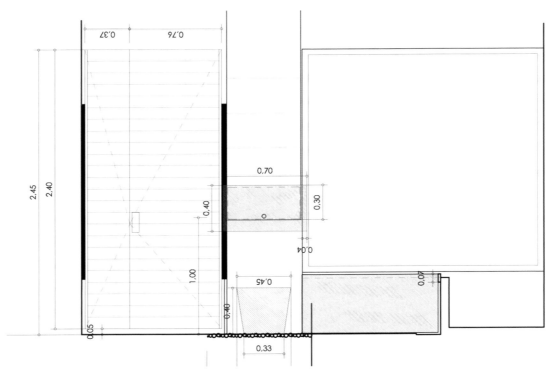

Fountain elevation

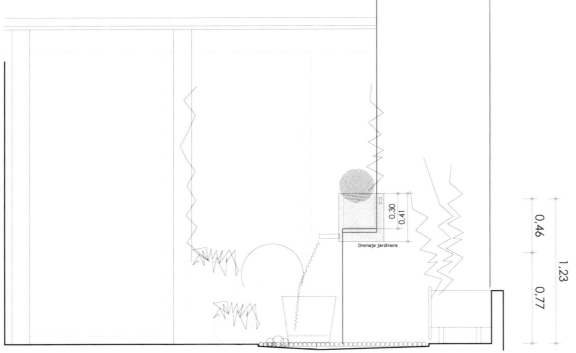

Fountain side elevation

Sketches

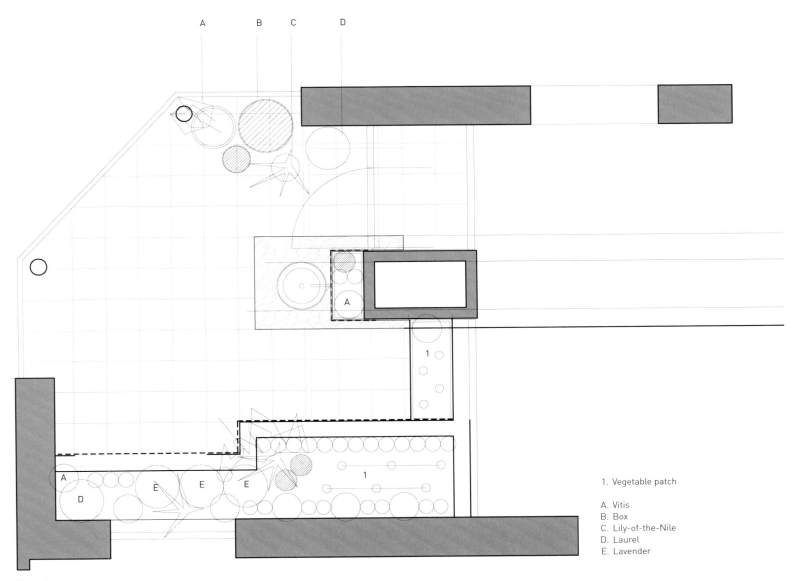

1. Vegetable patch

A. Vitis
B. Box
C. Lily-of-the-Nile
D. Laurel
E. Lavender

Floor plan

NOE VALLEY I

SAN FRANCISCO, CALIFORNIA, UNITED STATES

Architect Feldman Architecture
Landscaper Loretta Gargann Landscape + Design
Photographer © Joe Fletcher

The renovation of this classic Victorian house respects its original character as well as giving it a modern feel in its concept of space, light and materials. The kitchen breakfast area and living room are organised around a terrace designed to function as an outdoor living area. An exterior fireplace provides the warmth of an interior room as we relax under the stars. On the lower floor, a garden with gravel flooring and concrete cobbles and large planters is surrounded by neighbouring trees, offering a uniquely private feel. Protected from the noise of the city, it is place to enjoy the birdsong and fresh air.

Bei der Umgestaltung dieses klassischen viktorianischen Hauses bewahrten die Architekten dessen ursprünglichen Charakter und verliehen dem Gebäude durch das Design von Raum, Licht und Materialien Modernität. Küche, Essecke und Wohnzimmer sind um eine Terrasse herum angeordnet, die aufgrund ihrer Gestaltung als Wohnzimmer im Freien fungiert. Ein Außenkamin schenkt den Bewohnern, während sie sich unter den Sternen entspannen, die Wärme eines Innenraums. Ebenerdig bietet ein Garten mit einem Boden aus Kies und Betonpflastersteinen sowie großen Blumentöpfen, umgeben von hohen benachbarten Bäumen, ein ungewöhnliches Gefühl von Privatsphäre. Geschützt vor dem Lärm der Stadt, ist er ein Ort, an dem die Bewohner dem Gesang der Vögel lauschen und die frische Luft genießen.

Lors de la rénovation de cette maison victorienne au style classique, on a conservé son cachet d'origine tout en ajoutant de la modernité à la conception de l'espace, de la lumière et des matériaux. La cuisine, le coin petit-déjeuner et le salon tournent autour d'une terrasse qui sert de séjour en plein air. Une cheminée extérieure donne de la chaleur à une pièce intérieure, pendant que les usagers se reposent sous le ciel étoilé. Au niveau inférieur, un jardin avec un parterre de gravillon et des pavés en béton avec de grandes jardinières qui, entouré des grands arbres voisins, offre une sensation inhabituelle d'intimité. À l'abri du bruit de la ville, il s'agit d'un lieu où l'on peut apprécier le chant des oiseaux et l'air frais.

En la remodelación de esta clásica casa victoriana se ha respetado su carácter original a la vez que se le ha dotado de modernidad en la concepción del espacio, luz y materiales. La cocina, el rincón de desayuno y el salón están orientados alrededor de una terraza diseñada para servir como sala de estar al aire libre. Una chimenea exterior proporciona la calidez de una sala interior mientras nos relajamos bajo las estrellas.En la planta inferior, un jardín con suelo de gravilla y adoquines de hormigón y con grandes maceteros que, rodeado por altos árboles vecinos, ofrece una inusual sensación de privacidad. Protegido del ruido de la ciudad es una lugar donde disfrutar del canto de los pájaros y el aire fresco.

Second floor plan

1. Foyer   5. Kitchen
2. Living room 6. Breakfast
3. Dining room 7. Family room
4. Powder room 8. Roof deck

The metal doors fold back so the outdoor and indoor space can work as one large room and visually connect the habitable spaces with an urban oasis.

Die Metalltüren lassen sich zurückziehen, damit Innen- und Außenraum als ein großer Bereich fungieren und sich die Wohnräume visuell mit einer städtischen Oase verbinden können.

Les portes métalliques se rétractent pour que l'espace extérieur et l'intérieur puissent fonctionner comme une grande habitation et relier visuellement les espaces habitables à une oasis urbaine.

Las puertas metálicas se retraen para que el espacio exterior y el interior puedan funcionar como una habitación grande y conectar visualmente los espacios habitables a un oasis urbano.

COURTYARD SAO PAULO

SAO PAULO, BRAZIL

Landscaper La Paisajista – Jardines con alma
Photographer © Monique Briones

A small courtyard in the heart of a bustling metropolis. A refuge designed to make use of every last centimetre of available space, requiring minimal maintenance to allow for maximum relaxation time.
Recycled materials have been used to create the trellis, the wooden backs and the gabion filled with eucalyptus trunks, that doubles as a corner bench. Following on from the bench is a fountain, with very little water but with the appearance of depth provided by smoked glass that tricks the eye. The courtyard is completed with high-quality artificial grass and a greyish blue triangular shade canopy made from sailcloth.

Ein kleiner Innenhof im Herzen einer pulsierenden Großstadt. Ein Rückzugsort, der für ein Maximum an Entspannung sorgt und dafür konzipiert wurde, bei minimalem Pflegeaufwand jeden vorhandenen Zentimeter Platz zu nutzen.
Für die Anfertigung der Gitter, der Holzlehnen und des mit Eukalyptusstämmen gefüllten Drahtkorbs (Gabione), der gleichzeitig als Eckbank fungiert, wurden recycelte Materialien verwendet. Im Anschluss an die Bank steht ein überfließender Brunnen mit kaum Wasser, der jedoch ein Gefühl von Tiefe vermittelt, da er aus abgetöntem Glas gefertigt ist, welches das Auge täuscht. Hochwertiger Kunstrasen und eine dreieckige graublaue Markise aus Material, das in der Seefahrt eingesetzt wird, ergänzen den Innenhof.

Un petit patio au cœur d'une grande ville en pleine effervescence. Un refuge conçu pour profiter de chaque centimètre d'espace disponible, avec un minimum d'entretien, tout en offrant un maximum de détente.
Les matériaux recyclés ont permis de créer une jalousie, des dossiers en bois et du gabion, rempli de troncs d'eucalyptus qui sert aussi de banc d'angle. En prolongement du banc, se trouve une fontaine débordante, avec peu d'eau, mais offrant la sensation de profondeur de par sa construction en verre teinté qui trompe l'œil. Pour compléter ce patio, un parterre de gazon artificiel de haute qualité et une voile d'ombrage triangulaire de couleur bleu-gris, élaborée en matériau nautique.

Un pequeño patio en el corazón de una agitada urbe. Un refugio diseñado para aprovechar cada centímetro de espacio disponible, con un mínimo mantenimiento pero que proporcionara el máximo relax.
Se han utilizado materiales reciclados para elaborar la celosía, los respaldos de madera y el gavión, relleno con troncos de eucalipto, que funciona a la vez como un banco esquinero. A continuación del banco, una fuente desbordante, sin apenas agua, pero que da sensación de profundidad al estar hecha con un cristal tintado que engaña a la vista. Para complementar el patio, un acabado de césped artificial de alta calidad y un toldo triangular azul grisáceo, confeccionado con material náutico.

The plants in the garden are lavender, *Lavandula angustifolia* and pitisporum, *Pittosporum tobira*, to reduce the need or watering and give a Mediterranean feel to this garden in a city with a largely tropical style.

Die Gartenpflanzen sind Lavendel *Lavandula angustifolia* und Klebsamen *Pittosporum tobira*, die gewählt wurden, um den Bedarf an Bewässerung zu senken und einem Garten in einer Stadt, in der der tropische Stil überwiegt, einen Hauch von Mittelmeer zu verleihen.

Le jardin est agrémenté de lavandes, *Lavandula angustifolia* et d'un arbre des Hottentots, *Pittosporum tobira*, pensés pour réduire la nécessité d'arroser et offrir au jardin un air méditerranéen dans une ville au style plutôt tropical.

Las plantas del jardín son lavandas, *Lavandula angustifolia* y pitósporo, *Pittosporum tobira*, todas pensadas para reducir la necesidad de riego y dar un aire mediterráneo a un jardín en un ciudad de estilo mayormente tropical.

A creative mix of mirrors, slate, pebbles and succulents crown this corner next to the bench.

Ein kreatives Spiel, das eine Kombination aus Spiegel, Schiefer, Flusskieseln und Sukkulenten einbindet, krönt die Ecke parallel zur Bank.

Un jeu créatif réalisé grâce à un mélange de miroirs, d'ardoise, de pierres de río et des plantes grasses, entoure le coin parallèle au banc.

Un creativo juego realizado con una mezcla de espejos, pizarra, piedras de río y plantas crasas corona la esquina paralela al banco.

ROOF GARDEN IN VIENNA

VIENNA, AUSTRIA

Landscaper 3:0 Landschaftarchitektur
Photographer © Rupert Steiner

The renovation and extension of this attic in a private house in the city centre has created three rooftop areas on different levels. As these levels are evocative of a ship, the design plays with that association. The lower level is an intimate cabin-style garden, created with birthwort (*Aristolochia*), bittersweet (*Celastrus)* and creeper (*Parthenocissus*). The next level is the main roof of the building, a flat roof covered with colourful plants. Finally, there is a terrace with views where the floor in Tibetan cherrywood (*Prunus serrula*) and juneberry (*Amelanchier*) creates an extraordinary setting.

Als Ergebnis des Um- und Ausbaus des Dachgeschosses eines Privathauses im Stadtzentrum entstanden drei Bereiche auf unterschiedlichen Ebenen. Da diese Ebenen Erinnerungen an ein Boot hervorrufen, spielt das Design mit dieser Assoziation. Das unterere Deck ist ein intimer Garten im Cottage-Stil, geschaffen mit Pfeifenblumen (*Aristolochia*), Bittersüß *Celastrus* und der Rankpflanze (*Parthenocissus*). Die nächste Ebene ist das Hauptdeck, ein Flachdach, das mit bunter Vegetation bedeckt ist. Und schließlich die Terrasse mit Aussicht, bei der das Holz des Bodens, tibetanische Kirsche (*Prunus serrula*) und *Amelanchier* dazu beitragen, eine außerordentliche Umgebung zu schaffen.

De la rénovation et de l'extension du dernier étage d'une maison individuelle au cœur de la ville émergent trois espaces de terrasse de différents niveaux. Comme ces niveaux évoquent un bateau, la conception joue avec cette association. La toiture inférieure est un jardin intime au style cottage, crée avec des carapias (*Aristoloche*), bittersweet (*Celastre*) et plante grimpante (*Parthenocissus*). Le niveau suivant est la toiture principale, un toit plat recouvert de végétation colorée. Et, enfin, la terrasse mirador sur laquelle le bois du sol, le cerisier du Tibet, (*Prunus serrula*) et l'*Amelanchier* contribuent à créer un cadre extraordinaire.

Como resultado de la renovación y ampliación del ático de una casa privada en el centro de la ciudad, emergen tres áreas de azotea a diferentes niveles. Como estos niveles son evocadores de un barco, el diseño juega con esta asociación. La cubierta inferior es un íntimo jardín de estilo cabaña, creado con contrayerba (*Aristolochia*), bittersweet (*Celastrus*) y enredadera (*Parthenocissu*s). El nivel siguiente es la cubierta principal, un tejado plano cubierto de colorida vegetación. Y, finalmente, la terraza mirador en la que la madera del suelo, el cerezo tibetano (*Prunus serrula*) y el *Amelanchier* contribuyen a crear un contexto extraordinario.

The top level has been clad in wood to make a charming area that is a great place to relax, with the marvellous views over the city as a backdrop.

Die oberste Ebene ist mit Holz ausgekleidet, um einen Bereich behaglicher zu gestalten, der mit einem wundervollen Blick auf die Stadt als Hintergrund zur Entspannung einlädt.

Le niveau le plus haut est revêtu de bois pour rendre plus accueillant un espace invitant à la détente, avec une vue magnifique de la ville comme toile de fond.

El nivel más alto se ha revestido de madera para hacer más acogedora una zona que invita al descanso, con la maravillosas vistas de la ciudad como telón de fondo.

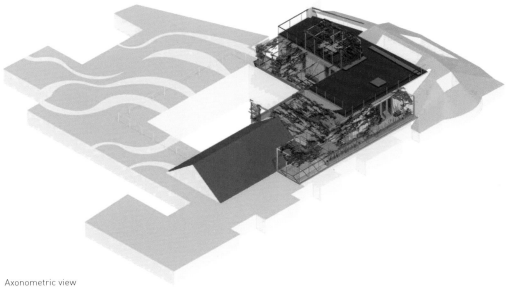

Axonometric view

The evocative effect of the sea is intensified by the wavy lines in the gravel and the multicoloured sedums.

Erinnerungen an das Meer werden durch die Wellen hervorgerufen, die der Kies und die verschiedenfarbigen Fetthennen bilden.

L'effet évocateur de la mer s'intensifie grâce aux ondes rendues par le gravier et les sédums multicouleurs.

El efecto evocador del mar se intensifica a través de las ondas hechas de grava y de los sedums multicolores.

CHILL OUT

ELVAS, PORTUGAL

Architect Ángel Méndez Arquitectura + Paisaje
Photographer © Ángel Méndez

The transformation of this terrace was designed to include a third dimension, playing with volumes to break up the flatness of what was initially a 60 m² grassy plot. The design includes a central space to relax, read, dine or have a drink surrounded by plants that give the area a fresh feel, but without cramming too many plants into a relatively small area. This central platform is raised above the other surfaces, transforming the area into a stunning centrepiece.

Die Transformation dieser Terrasse sollte die dritte Dimension einbeziehen, mit Räumen spielen und mit der Ebenheit des Urzustandes brechen, der einfach nur 60 m² Rasen war. Es entsteht ein zentraler Entspannungsraum zum Lesen, Essen oder Trinken, umgeben von pflanzlichen Elementen, die dem Ganzen Frische verleihen, ohne es mit Vegetation zu überladen, da es sich um eine relativ kleine Fläche handelt. Die zentrale Plattform erhebt sich über den Rest der Flächen, wodurch dieser Bereich zum absoluten Protagonisten wird.

La transformation de cette terrasse a été étudiée en 3D jouant ainsi avec les volumes qui rompent la planéité de l'état initial qui consistait en une pelouse de 60 m². Un espace central a été conçu pour les moments de détente pendant lesquels il est possible de lire, de dîner ou de prendre une coupe, entouré d'une végétation qui apporte de la fraîcheur à l'ensemble, sans nécessiter d'ajouter de la végétation, en raison de l'espace relativement petit. Cette plateforme centrale est érigée sur le reste des surfaces, transformant ainsi la pièce en élément absolu.

La transformación de esta terraza se plantea incorporando la tercera dimensión, jugando así con volúmenes que rompen la planeidad del estado inicial, consistente en un pradera de césped de 60 m². Se diseña un espacio central para el relax donde poder leer, cenar o tomar unas copas rodeado de elementos vegetales que aportan frescura al conjunto, pero sin recargar de vegetación, al tratarse de un área relativamente pequeña. Esta plataforma central se eleva sobre el resto de las superficies transformando la estancia en protagonista absoluta.

Low maintenance plants have been chosen, in combination with an area of artificial grass that can be used as a play area for the youngest members of the family.

Es wurde für einen Garten mit geringen Wartungsansprüchen in Kombination mit Kunstrasenbelag optiert, der die Antwort auf die Notwendigkeit war, einen Spielbereich für das Kleinkind der Familie entstehen zu lassen.

On a opté pour un jardin requérant peu d'entretien avec du gazon synthétique afin de répondre au besoin d'adapter une aire de jeu pour le bébé de la famille.

Se optó por una jardinería de bajo mantenimiento en combinación con una pastilla de césped artificial que respondía a la necesidad de adaptar un área de juego para el bebé de la familia.

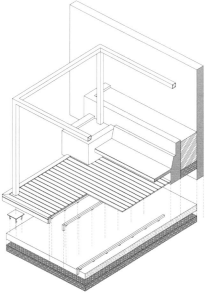

Axonometric view

The granite cobbles and the industrial planters that make up the seat and body of the chill out area create an interesting contrast with the Ipe wood decking and gives the terrace a high-quality feel.

Das Granitpflaster und die gemauerten Blumenkästen, die gleichzeitig die Sitzflächen und den Boden des Chill-out-Bereiches bilden, stehen in interessantem Kontrast zu dem Podium aus Ipé-Holz, das dem Ensemble zudem Wärme verleiht.

Le pavé en granit et les jardinières en béton qui composent l'assise et le bâti du *chill out*, créent un intéressant contraste avec le parquet en bois d'ipé apportant ainsi de la chaleur à l'ensemble.

El adoquinado de granito y las jardineras de fábrica, que conforman a su vez el asiento y cuerpo del *chill out*, crean un interesante contraste con la tarima de madera de ipé que además aporta calidez al conjunto.

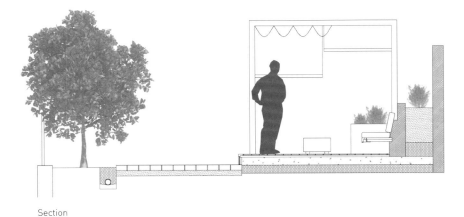

Section

HOUSE PÉREZ PIZARRO

SEVILLA, SPAIN

Landscaper Xeriland
Photographer © Fernanado Alda

This renovation of a former textile factory creates a space with a unique configuration, in an L shape, with 3 courtyards. The building calls for a minimalist design for the courtyards, a design that is sustainable and low maintenance, using structural plants such as lemon trees, bamboo or bonsai olive trees. Artificial grass has been used between the joins of the cobblestones, as well as the pool area, where the wooden floor and the artificial grass platform include a sprinkler system to combat the high temperatures in the heat of a Seville summer.

Die Sanierung einer ehemaligen Textilfabrik lässt einen Raum mit einzigartiger Konfiguration entstehen, über den L-förmigen Grundriss verteilt befinden sich drei Innenhöfe. Das Gebäude legt ein minimalistisches Design, nachhaltig und in der Unterhaltung wenig anspruchsvoll nahe. Dazu werden strukturhafte Pflanzen gewählt, wie der Zitronenbaum, Bambus oder der im Bonsaistil beschnittene Olivenbaum. Zwischen die Fugen der Pflastersteine wurde auch am Schwimmbecken Kunstrasen eingesetzt, wobei im Poolbereich das Holzpodest und die Kunstrasenplattform durch eine Berieselungsanlage ergänzt wurden, um bei den hohen sommerlichen Temperaturen in Sevilla für Abkühlung zu sorgen.

La rénovation d'une ancienne usine de textile a fait place à un espace à la configuration singulière, car il est disposé en forme de L, ce qui donne trois patios. Le bâtiment suggère un design minimaliste, durable et nécessitant peu d'entretien grâce à des plantes structurelles telles que le citronnier, le bambou ou encore l'olivier taillé en forme de bonsaï. On a utilisé du gazon artificiel entre les joints des pavés, y compris dans la zone de la piscine où le parquet en bois et le gazon artificiel sont complétés par une installation d'arrosage par aspersion afin de lutter contre les températures élevées de l'été sévillan.

La rehabilitación de una antigua fábrica textil da lugar a un espacio con una configuración singular, ya que se dispone en forma de L, que genera tres patios. El edificio sugiere un diseño minimalista, sostenible y de bajo mantenimiento en estos, utilizando plantas estructurales, como el limonero, el bambú, o el olivo podado en bonsái. Se ha utilizado césped artificial entre las llagas de los adoquines, incluso en la zona de la piscina, donde la tarima de madera y la plataforma de césped artificial se complementa con una instalación de riego por aspersión para combatir las altas temperaturas del verano sevillano.

The cascading *Vinca variegata* on the wall in the pool area produces an interesting range of greens in the courtyard.

Durch das kaskadenförmig über die Mauer wachsende Immergrün *Vinca Variegata* neben dem Pool entsteht ein interessantes Farbspiel aus Grüntönen.

La conception de végétation en cascade à base de *Vinca variegata* sur le mur de la piscine offre un jeu intéressant de tons verts dans le patio.

El diseño de vegetación en cascada a base de *Vinca variegata* en el muro de la piscina produce un juego interesante de tonalidades verdes en el patio.

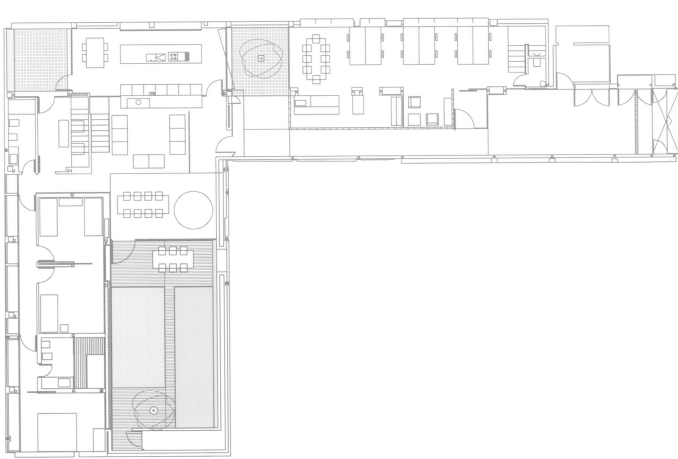

Floor plan

FREMANTLE COURTYARD

BAYSWATER, WESTERN AUSTRALIA, AUSTRALIA

Landscaper **Cultivart – Janine Mendel**
Photographer © **Peta North**

The starting point for the design of this patio was the creation of a well-designed contemporary structure with exuberant lush vegetation. As the courtyard is long and narrow, the verticality of the space has been utilised to create a greater sense of width, with steel mesh panels on the walls with a Corten steel frame, where climbing plants grow. there are also planters and a wooden bench along the length of the space. This courtyard could be described as a typical Fremantle courtyard for its use of limestone, Corten steel, copper paving and stone in a modern context.

Ausgangspunkt für die Gestaltung dieses Innenhofs war die Schaffung eines perfekten Gefüges aus zeitgenössischem Design mit reicher und üppiger Vegetation. Da der Raum schmal und lang ist, spielte der Designer mit dessen Vertikalität, um den Eindruck von Geräumigkeit zu vermitteln. Hierfür platzierten die Gestalter Verkleidungen aus Stahlgitter mit einem Rahmen aus Corten-Stahl, an denen Kletterpflanzen emporwachsen, an der Wand, sowie einige Blumenkästen und eine Holzbank an der Längsseite des Raumes. Man könnte sagen, dass dieser Innenhof durch den Einsatz von Kalkstein, Corten-Stahl sowie Kupfer- und Steinpflasterung in einem modernen Kontext typisch für Fremantle ist.

Le point de départ de la conception de ce patio est la création d'une bonne structure de design contemporain avec une végétation riche et exubérante. De par son étroitesse et sa forme allongée, on a joué sur la verticalité de l'espace pour donner une sensation plus importante de grandeur en plaçant des panneaux grillagés en acier sur le mur avec un cadre en acier corten, sur lequel pousseront des plantes grimpantes, des jardinières et un banc en bois le long de l'espace. On pourrait dire que ce patio est typiquement Fremantle en raison de l'utilisation de roche calcaire, d'acier corten, de revêtement en cuivre et pierre dans un cadre moderne.

El punto de partida para el diseño de este patio es la creación una buena estructura de diseño contemporáneo con una vegetación rica y exuberante. Al ser estrecho y alargado se ha jugado con la verticalidad del espacio para dar una mayor sensación de amplitud, colocando unos paneles de rejilla de acero en la pared con marco de acero corten, en los cuales crecerán plantas trepadoras y unas jardineras y un banco de madera a lo largo del espacio. Se podría decir que este patio es típicamente de Fremantle, por el uso de piedra caliza, acero corten, pavimentación de cobre y piedra en un contexto moderno.

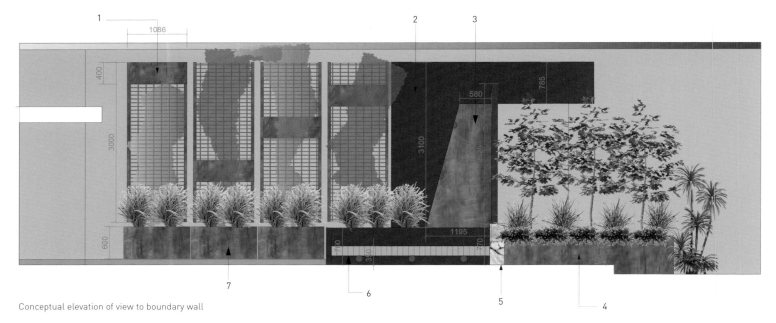

Conceptual elevation of view to boundary wall

1. Framed custom screens using finish frame with
   galvanised or stainless steel weldmesh to centre
2. New layer of rendered brick wall to form recess for
   copper cladding to water well
3. Copper cladding to recess to form water wall
4. Custom made corten steel retaining
5. Limestone rubble wall
6. Timber bench seat with masonry base
7. Corten steel paint finish

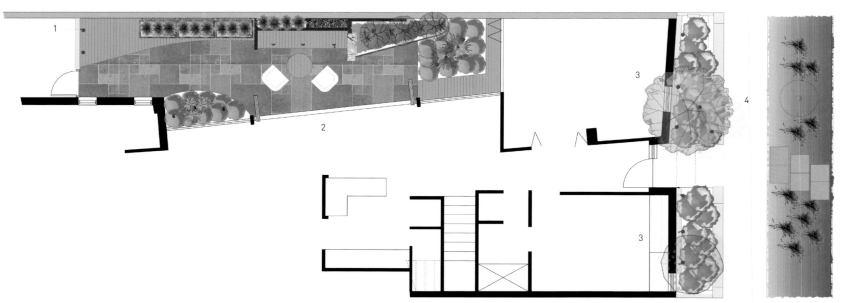

Plan view showing plants, trees and lighting

1. Recessed deck lights to illuminate limestone
2. Recessed louvre lights to masonry wall supporting timber seat
3. Uplights to illuminate feature limestone wall
4. Uplight mounted to side of post aimed to illuminate tree foliage and form
• Lighting

A year after it was finished, the walls and Corten steel framed mesh panels are already partially covered with climbing plants.

Ein Jahr nach ihrer Anbringung sind die mit Corten-Stahl eingerahmten Stahlgitterpaneele an den Wänden bereits teilweise von Kletterpflanzen bedeckt.

Un an après leur pose, sur les murs, les panneaux grillagés en acier, encadrés par de l'acier corten, sont partiellement recouverts de plantes grimpantes.

Un año después de su instalación, en las paredes, los paneles de rejilla de acero enmarcados con acero corten están ya parcialmente cubiertos de plantas trepadoras.

CAMPESTRE

QUERÉTARO, MÉXICO

Landscaper **Hábitas**
Photographer © **Kika Sierra**

The owners of this house requested a low maintenance garden planted with indigenous plants, so its main feature is the design based around plants native to the region. As the area is dry, the landscape is mostly grassland with lots of scrub. Bushes such as *Jatropha dioca* (Leatherstem) or *Dalea lutea* (Yellow Dalea), grow alongside *Pachycereus marginatus* (Mexican Fence Post cactus) and agave, in stone and gravel. Although the terrace is divided by the jacuzzi, the result of this project is a charming space that is far from simply decorative, but has become a place that invites you to relax and recharge.

Die Eigentümer dieses Hauses wünschten sich einen landestypischen und leicht zu pflegenden Garten, weshalb sich der Entwurf vor allem durch die Verwendung regionaler Pflanzen auszeichnet. Da sich das Objekt in einer trockenen Zone befindet, ist ihre Landschaft karg und vor allem mit Büschen bewachsen. Hier wachsen *Jatropha dioca* oder *Dalea lutea* neben Kaktusgewächsen wie Pachycereus marginatus und Agaven auf einem steinigen, kiesigen Boden. Trotz der Teilung durch die Jacuzzi-Terrasse ist das Ergebnis ein angenehmer Raum, der weit davon entfernt ist, rein dekorativen Zwecken zu dienen, es ist ein einladender Ort entstanden, der zur Kontemplation anhält.

Les propriétaires de cette maison ont demandé un jardin avec des plantes indigènes requérant peu d'entretien, par conséquent sa principale caractéristique est la conception à partir de plantes de la région. S'agissant d'une zone aride, le paysage de la zone est xérique avec des broussailles en abondance. Des arbustes tels que *Jatropha dioca* (sang-dragon) ou encore le *Dalea lutea* (dahlia bicolore) poussent à proximité de cactées, *Pachycereus marginatus* (cactus vierge) et agave sur un sol de pierres et graviers. Hormis le fait qu'il soit divisé par la terrasse du jacuzzi, le résultat de ce projet est un espace enchanteur qui, loin d'être purement décoratif, est un espace de loisir qui invite à la contemplation et à rester.

Los dueños de esta casa solicitaron un jardín nativo y de bajo mantenimiento, por lo que su principal característica es el diseño a partir de plantas de la región. Al ser una zona seca el paisaje de la zona es xérico con gran abundancia de matorral. Arbustos como la *Jatropha dioca* (sangregado) o la *Dalea lutea* (engordacabras), crecen junto a las cactáceas, *Pachycereus marginatus* (órganos) y maguey, en un suelo con piedras y grava. A pesar de estar dividido por la terraza del jacuzzi, el resultado de este proyecto es un espacio encantador que lejos de tener únicamente una finalidad puramente decorativa, ha resultado ser un área de disfrute que invita a estar y a la contemplación.

In the jacuzzi area of the terrace, at the back, a planter with a Mexican Fence Post cactus juts into the garden on the far right, creating a sense of continuity and brings the two spaces together.

Im Bereich der Terrasse mit Jacuzzi verbindet die Reihe der Kaktusgewächse im Hintergrund die beiden bepflanzten Bereiche miteinander und sorgt so für deren Kontinuität und Integration.

Dans la zone de la terrasse avec jacuzzi, au fond, une jardinière de cactus vierge pénètre le jardin de l'extrême gauche créant ainsi un effet de continuité et une intégration des deux espaces.

En el área de terraza con jacuzzi, al fondo, una jardinera de cactus órganos penetra el jardín del extremo derecho creando un efecto de continuidad e integración de los dos espacios.

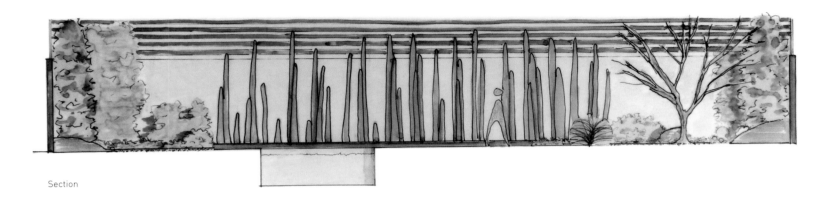

Section

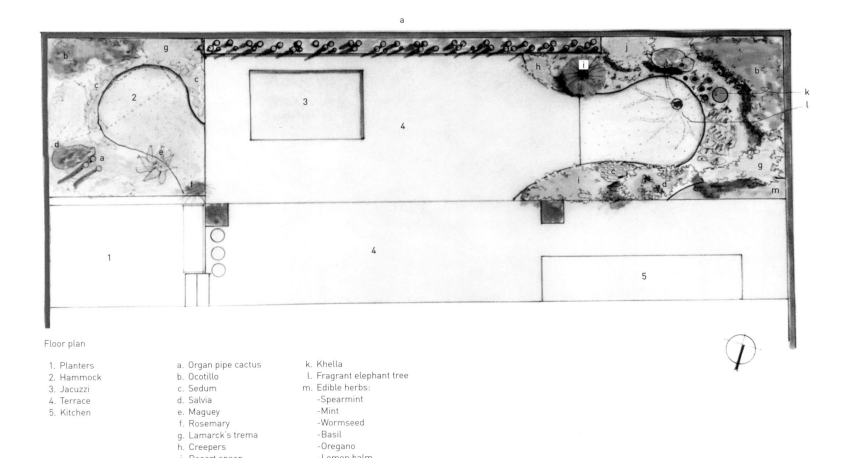

Floor plan

1. Planters
2. Hammock
3. Jacuzzi
4. Terrace
5. Kitchen

a. Organ pipe cactus
b. Ocotillo
c. Sedum
d. Salvia
e. Maguey
f. Rosemary
g. Lamarck's trema
h. Creepers
i. Desert spoon
j. Myrtle

k. Khella
l. Fragrant elephant tree
m. Edible herbs:
   -Spearmint
   -Mint
   -Wormseed
   -Basil
   -Oregano
   -Lemon balm
   -Rue

THREE SILVER BIRCHES

LONDON, UNITED KINGDOM

Landscaper Barbara Samitier Landscape & Garden Design
Photographer © Barbara Samitier

The aim for the design of this small garden of a Victorian house was clear: a family garden with space to eat outdoors in the open air and where the children could play while remaining a private space. The birch trees growing in the centre have been kept as their white trunks reflect the light and make the garden seem brighter. The design includes a giant open-air blackboard, which as well as providing hours of fun for both children and adults alike, acts as a separation between the dining area from the house next door. There is also a swing, a raised vegetable bed, dining area that seats 10, an area to sit, a shed and two large flower beds.

Das Ziel für die Gestaltung dieses kleinen Gartens, der ein viktorianisches Haus ausschmückt, lag auf der Hand: Einen Garten für die Familie schaffen, wo sie draußen essen und wo die Kinder spielen können, während zudem die Privatsphäre bewahrt wird. Die Birken, die in der Mitte wachsen, wurden belassen, denn deren weiße Stämme fangen das Licht ein und machen den Garten heller. Der Entwurf umfasst eine riesige Schiefertafel im Freien, die nicht nur Kindern und Erwachsenen stundenlang Spaß bietet, sondern zudem den Essbereich vom benachbarten Haus abtrennt. Ebenfalls finden sich hier eine Schaukel, ein Hochbeet für Gemüse, ein Esszimmer für 10 Personen, ein Sitzbereich, ein Schuppen und zwei große Blumenbeete.

La conception de ce petit jardin qui contemple une maison victorienne se voulait être claire : un jardin familial avec un espace pour manger en plein air et où les enfants peuvent jouer en préservant aussi de l'intimité. On a conservé les bouleaux qui poussent au centre dont les tiges blanches capturent la lumière et rendent le jardin plus lumineux. La conception comprend un pan en ardoise en plein air qui, en plus de procurer des heures d'amusement pour les petits et les grands, permet de séparer l'espace salle à manger de la maison voisine, une balançoire, une zone surélevée de plantation pour des légumes, une salle à manger pour dix personnes, un espace pour s'asseoir, un auvent et deux grands parterres.

El objetivo para el diseño de este pequeño jardín que complementa una casa victoriana estaba claro: un jardín familiar con espacio para comer al aire libre y donde jugar los niños conservando además privacidad. Se han conservado los abedules que crecen en el centro cuyos tallos blancos capturan la luz y hacen el jardín más luminoso. El diseño incluye una pizarra gigante al aire libre —que además de proporcionar horas de diversión para niños y adultos, sirve para separar la zona de comedor de la casa vecina—, un columpio, un lecho elevado para verduras, un comedor para diez personas, una zona para sentarse, un cobertizo y dos grandes parterres.

Every last inch of this 12 x 6 plot has been put to use, bringing together all the required functions without making the space seem narrow or overcrowded.

Den Gestaltern ist es gelungen, den größten Nutzen aus diesem 12 x 6 Meter großen Garten zu ziehen, da er alle gewünschten Funktionen vereint, ohne das Gefühl von Enge oder Überladensein zu vermitteln.

On a tiré le meilleur profit de ce jardin de 12 x 6 mètres qui réunit toutes les fonctions souhaitées sans pour autant donner la sensation d'étroitesse ou d'encombrement.

Se ha sacado el máximo partido a este jardín que, en un terreno de 12 x 6 metros, consigue reunir todas las funciones deseadas sin dar la sensación de ser un espacio estrecho o recargado.

At the end of the garden an area to sit and enjoy nature or to read in the shade of the trees acts as a focal point.

Als Blickpunkt des Gartens lädt an dessen Ende ein Sitzbereich die Bewohner ein, die Natur oder im Schatten der Bäume ihre Lektüre zu genießen.

Au fond du jardin, une zone pour s'asseoir tout en profitant de la nature ou de la lecture à l'ombre des arbres, devient l'axe central du jardin.

Al fondo del jardín una zona para sentarse, disfrutando de la naturaleza o de la lectura a la sombra de los árboles, actúa como punto focal del jardín.

Floor plan

1. Wildflower turf to be laid on roof
2. Extra bike sorage behind shed
3. Paved seating area
4. Move Pittosporum tree
5. Pleached Hombeam to screen shed
   underplanted with herbaceous border
6. Raised railway sleeper bed
7. Existing birch trees
8. Riven grey sandstone path
9. Clad neighbours extension wall with vertical
   slats of wood
10. Tumbled limestone laid in a stetcher bond
    and with a few tumbled setts inserts laid in a
    basketweave pattern

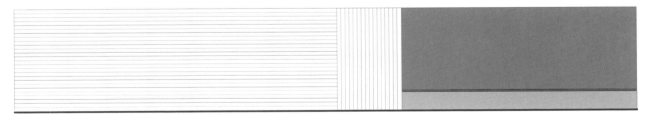

Elevation southern boundary

U PENTHOUSE

MADRID, SPAIN

Architect ÁBATON
Photographer © ÁBATON

The rooftops of this penthouse are an impressive display of minimalist spaces designed with stunning attention to detail. The larger terraces give the apartments a sense of individual identity similar to a detached house. The range of materials is limited to unfinished cement, painted white to reduce the intense reflection of the Spanish summer sun. Grey crushed stone gravel, prefabricated concrete slabs and wood are used to create the paving. The plants are equally minimalist, with only grass, moss and some *Acer palamtum* and *Acer japonicum* trees to highlight particular areas and create focal points.

Diese Dachterrassen sind beeindruckend aufgeteilte minimalistische Räume, die mit gewissenhafter Liebe zum Detail designt wurden. Die größeren Terrassen verleihen den Wohnungen ein Gefühl an Einfamilienhäuser gemahnender individueller Identität. Die Bandbreite der verwendeten Materialien beschränkt sich auf weiß gestrichenen Zement ohne Schlussbearbeitung, der die Reflektion der intensiven Sommersonne in Spanien mindert. Den Bodenbelag bilden grauer Kies, Fertigbetonplatten und Holz. Auch die Vegetation ist minimalistisch, sie beschränkt sich auf Gras, Moos und einige Bäume der Arten *Acer palmatum* und *Acer japonicum*, die Bereiche akzentuieren und Blickpunkte bilden.

Les terrasses de cet appartement situé au dernier étage sont un impressionnant déploiement des espaces minimalistes conçus avec une attention particulière portée aux détails. Les terrasses les plus grandes apportent aux appartements un cachet unique semblable à celui d'une maison indépendante. La palette de matériaux se limite au ciment peint en blanc et sans finition, ce qui réduit le reflet du soleil intense en été en Espagne. Le revêtement est composé de gravier (pierres broyées grises), de dalles en béton préfabriquées et de bois. La végétation est également très peu présente, limitée à l'herbe, la mousse et quelques *Acer palamtum* et *Acer japonicum* qui accentuent des espaces et forment des points centraux.

Las azoteas de este ático son un impresionante despliegue de espacios minimalistas diseñados con una esmerada atención al detalle. Las terrazas más grandes dotan a los apartamentos de un sentido de identidad individual similar a la de una casa unifamiliar. La paleta de materiales se limita al cemento pintado de color blanco y sin acabado que reduce el reflejo del intenso sol estival en España. Grava de piedra triturada gris, losas de hormigón prefabricadas y madera forman el pavimento. La vegetación es igualmente mínima, estando limitada a la hierba, el musgo y algunos árboles de *Acer palmatum* y *Acer japonicum* que acentúan áreas y forman puntos focales.

One of the small private terraces is reminiscent of Japanese *tsubo-niwa* gardens, or courtyard gardens, with all the elements necessary to create a sense of nature within a small space.

Eine der kleinen privaten Terrassen erinnert an die japanischen *TsuboNiwa*, begrünte Innenhöfe der japanischen Gartenkunst, welche die notwendigen Elemente enthalten, um auf kleinem Raum ein Gefühl von Natur zu erzeugen.

L'une des petites terrasses privées rappelle les jardins japonais *tsubo-niwa* ou patios aménagés avec de petites plantes nécessaires à la création d'un sens de la nature dans un petit espace.

Una de las pequeñas terrazas privadas recuerda a los japoneses *tsubo-niwa*, o patios ajardinados, que contienen los elementos mínimos necesarios para crear un sentido de naturaleza dentro del pequeño espacio.

The complex of curved buildings houses the rectangular apartments on a raised circular structure. This has resulted in some rather angular shapes on the terraces, requiring innovative solutions.

Der kurvenreiche Gebäudekomplex enthält rechtwinklige Elemente, die sich über die runde Brüstung erheben. Dadurch entstehen einige winklige Formen auf den Terrassen, die innovative Lösungen erforderten.

Le complexe de bâtiments courbes comprend des appartements rectangulaires qui s'érigent sur le parapet circulaire. Ceci offre des formes angulaires sur les terrasses qui ont nécessité des solutions innovantes.

El complejo de edificios curvos contiene los apartamentos rectangulares que se levantan sobre el parapeto circular. Esto da como resultado algunas formas angulares en las terrazas que han exigido soluciones innovadoras.

Elevations

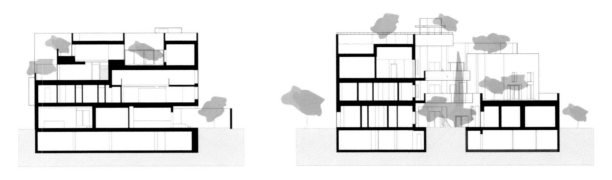

Sections

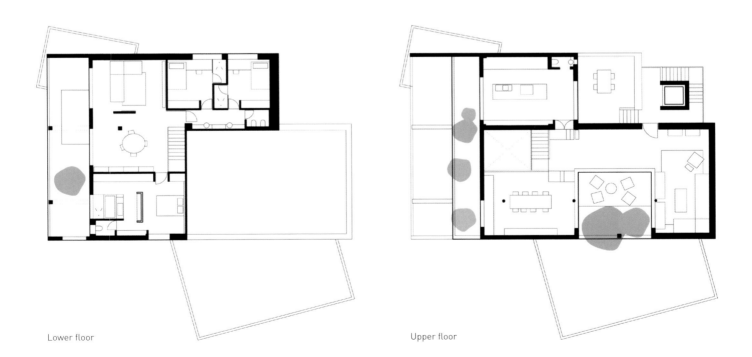

Lower floor

Upper floor

PERGOLA WITH JACUZZI

PAWŁÓWEK, POLAND

Landscaper Michalina Trempala / NATUR Zielone Pogotowie
Photographer © Anna Soporowska / SOPOROWSKA Photography

The centre of the design for this house in a quiet residential area is the jacuzzi. To protect it from the sun and wind, a pergola has been installed that also houses a living area with comfortable rattan sofas that encourage you to rest a while. To ensure the area can be enjoyed all year round, a bioethanol fireplace has been added. In the corners, plant pots with conifers such as pine, *Abies* and *Sciadopitys*, the owner's favourite plants. Around the terrace grow *Picea pungens*, bonsai *Glauca globas*, *Thuja smaragd* and some yuccas.

Der Mittelpunkt des Entwurfs für die Terrasse dieser Wohnstätte, die in einem ruhigen Wohngebiet liegt, ist das Jacuzzi. Um es vor Sonne und Wind zu schützen, wurde eine Pergola errichtet, die auch einen Lounge-Bereich mit bequemen Rattansofas, die die Bewohner zur Entspannung einladen, beherbergt. Um diese behagliche Ecke das ganze Jahr über genießen zu können, wurden Bioethanolkamine aufgestellt. In den Ecken stehen Töpfe mit Koniferen wie Kiefer, *Abies* und *sciadopitys*, den Lieblingspflanzen des Wohnungsbesitzers. Um die Terrasse herum wachsen Exemplare der Gattung *Picea pungens*, *Glauca Globas*, als Bonsai beschnitten, *Thuja smaragd* und einige Yuccas.

Le centre du design de la terrasse de cette maison, située dans une zone résidentielle tranquille, est le jacuzzi. Pour le protéger du soleil et du vent, une pergola a été installée. Elle abrite également un séjour avec de confortables sofas en rotin qui invitent à la détente. Des cheminées de bioéthanol ont été installées afin de profiter de ce coin accueillant tout au long de l'année. Dans les coins, des jardinières avec des conifères tels que le pin, *Abies* et *Sciadopitys*, les plantes préférées du propriétaire de la maison. Autour de la terrasse poussent des *Picea pungens*, *Glauca globas* taillés en forme de bonsaï, *Thuja smaragd* et des yuccas.

El centro del diseño de la terraza de esta vivienda, ubicada en una tranquila zona residencial, es el jacuzzi. Para protegerlo del sol y del viento se ha instalado un pérgola que también alberga una zona de estar con unos cómodos sofás de rattan que invitan a relajarnos. Con el fin de disfrutar de este acogedor rincón durante todo el año se han instalado unas chimeneas de bioetanol. En las esquinas, unos maceteros con coníferas tales como pino, *Abies* y *Sciadopitys*, las plantas favoritas del dueño de la vivienda. Alrededor de la terraza crecen ejemplares de *Picea pungens*, *Glauca globas* podada en bonsái, *Thuja smaragd* y algunas yucas.

The floor is composite panels, which withstand even large changes in temperature. A neutral colour palette has been used throughout the terrace, ranging from white to grey. The plants provide a touch of colour.

Der Boden besteht aus Komposit-Lamellen, die jeglicher Witterung bestens standhalten. Für die gesamte Terrasse wurde eine Palette aus Neutralfarben verwendet, die von Weiß über Grau bis hin zu Schwarz reicht. Die Vegetation sorgt hierbei für Farbtupfer.

Le sol est en lames de composite qui résiste très bien à tout changement climatique. Une palette de couleurs neutres qui va du blanc au noir en passant par le gris a été utilisée pour toute la terrasse. La note de couleur lui apporte la végétation.

El suelo es de lamas de composite, que resiste muy bien a cualquier cambio climático. Se ha utilizado para toda la terraza una paleta de colores neutros que va del blanco al negro pasando por el gris. La nota de color la aporta la vegetación.

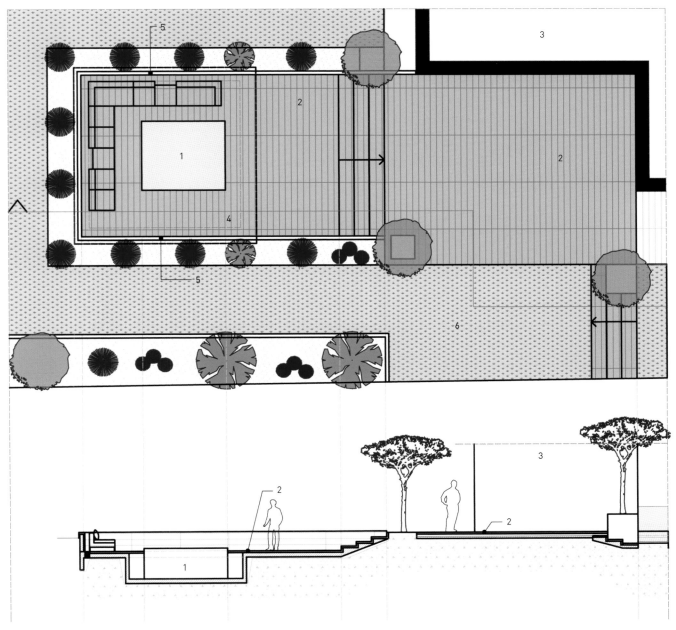

Floor plan and section

1. Jacuzzi   4. Pergola
2. Wood terrace   5. Retaining wall
3. Building   6. Grass

URBAN VERTICAL GARDEN

MURCIA, SPAIN

Landscaper **Paisajismo Urbano**
Photographer © **Paisajismo Urbano**

This is a 50 m^2 project on a private roof terrace in the centre of Murcia. Consisting of more than 1500 plants from 20 species, this vertical ecosystem is divided by two walls, each with a different orientation.
The greatest challenge that this project presented was the design for the watering system because the shape of the garden included lots of hard-to-reach corners.

Dieses Projekt mit fünfzig Quadratmetern in einem Dachgeschoss in der Innenstadt von Murcia umfasst mehr als tausendfünfhundert Pflanzen, die zu zwanzig Arten gehören. Dieses vertikale Ökosystem ist in zwei unterschiedlich ausgerichtete Mauern aufgeteilt.
Die größte Herausforderung des Projekts war der Entwurf des Bewässerungsystems, das aufgrund der Form der Gärten viele Krümmungen, zu denen das Wasser gelangen musste, aufwies.

Ce projet de cinquante mètres carrés sur une terrasse privative au centre de Murcie est composé de plus de mille cinq cents plantes de vingt espèces différentes. Cet écosystème vertical est divisé en deux murs, chacun ayant une orientation différente.
Le plus grand défi que présentait cette œuvre était la conception du système d'irrigation qui, en raison de la forme des jardins, nécessitait de nombreux détours pour faire parvenir l'eau.

Este proyecto de cincuenta metros cuadrados en una azotea privada en el centro de Murcia, está conformado por más de mil quinientas plantas pertenecientes a veinte especies. Este ecosistema vertical se encuentra dividido en dos muros, cada uno con una orientación diferente.
El mayor reto que presentó esta obra fue el diseño del sistema de riego, puesto que debido a la forma de los jardines se presentaban muchos recovecos a los que hacer llegar el agua.

The wooden wall and the rich vegetation on the wall make this corner an ideal space to relax while enjoying good times around the table.

Die Holzwand und die reiche Vegetation an der Mauer machen aus dieser Ecke einen einladenden Ort, an dem sich die Bewohner entspannen, während sie angenehme Augenblicke am Tisch genießen.

La paroi en bois et la végétation abondante du mur font de ce coin un lieu accueillant, idéal pour se détendre tout en profitant d'agréables moments autour de la table.

La pared de madera y la rica vegetación del muro hacen de este rincón un lugar acogedor, ideal para relajarse mientras se disfruta de agradables momentos en torno a la mesa.

UNDER MADRID'S SKY

MADRID, SPAIN

Landscaper Liquidambar
Photographer © Liquidambar

This terrace in the centre opens to the sky and the chimney stacks. The grey decking unfolds and literally lifts up, providing a pleasant chill out area. The soft volumes create a wide area to lie back at night or during the day, to either stargaze or sunbathe. This composite paving over a metal structure creates a sense of fluidity while including a horizontal floor for tables and chairs. Underneath this new structure, the original floor is preserved, with its slopes, channels and drains tucked out of sight.

Diese Terrasse im Stadtzentrum öffnet sich dem Himmel und den Dächern ringsum. Der podestartige graue Boden, der sich teilweise auffaltet und leicht erhebt, lässt eine gemütliche Chill-out-Zone entstehen. Ihre sanften Neigungen bieten einen ausgedehnten Raum, der Tag und Nacht zum Anlehnen und Hinlegen einlädt, um die Sterne zu betrachten oder ein Sonnenbad zu nehmen. Das Podest aus Verbundmaterial auf einem Metallgerüst ermöglicht dieses Fließen und verfügt über horizontale Böden und unbewegliche Tische und Möbel. Unter diesem Aufbau wurde der Originalboden der Terrasse mit seinen Gefällen, Dachdecken und Abflüssen unsichtbar erhalten.

Cette terrasse au centre s'ouvre au ciel et à ses cheminées. Le parquet gris légèrement élevé se plie afin d'offrir un agréable espace de *chill out*. Ses agréables volumes accueillent un vaste espace où il est agréable de se reposer la nuit ou durant la journée pour regarder les étoiles ou bronzer. Ce revêtement en composite sur une structure métallique permet cette fluidité avec des sols horizontaux où les tables et les meubles restent statiques. Le sol d'origine de la terrasse qui se trouve en dessous de cette structure a été conservé, avec ses pentes, arêtes et conduites, invisibles.

Esta terraza en el centro se abre a sus cielos y a sus chimeneas. El suelo de tarima gris que se pliega, y ligeramente se eleva, permite una agradable zona de *chill out*. Sus suaves volúmenes acogen una amplia zona donde recostarse de noche o de día, para ver las estrellas o tomar el sol. Este pavimento de composite sobre estructura metálica permite esta fluidez y contar con suelos horizontales donde las mesas y los muebles no se mueven. Bajo esta estructura se conservó el suelo original de la terraza, con sus pendientes, limas y sumideros fuera de la vista.

A bamboo and trellis divider has been installed to screen the seating area, creating a private area for an alfresco breakfast or to enjoy lunch in the sun.

Um den Bereich des Tisches herum wurden eine Wand aus Bambus und ein Sichtschutz angelegt, um hier an sonnigen Tagen ungestört frühstücken oder essen zu können.

Un mur en bambou et des jalousies ont été installés afin de protéger la zone de la table pour le petit-déjeuner et le déjeuner lorsqu'il fait soleil tout en profitant d'un maximum d'intimité.

Se ha instalado una pared de bambús y celosías que protege la zona de la mesa para desayunar o comer en días soleados disfrutando de una mayor intimidad.

The bamboo is hardy and the vertical canes juxtapose with the horizontal trellis, creating a strong contrast between the horizontal and the vertical.

Die Bambuspflanzen sind widerstandsfähig und ihre vertikalen Triebe bilden ein Gegengewicht zu den horizontalen Lamellen der Wand, wodurch eine starke Spannung zwischen Horizontal und Vertikal entsteht.

Les plantations en bambou sont résistantes et leurs tiges verticales, juxtaposent la jalousie en lames horizontales créant ainsi une forte tension entre l'horizontal et le vertical.

Las plantaciones de bambú son resistentes y sus verticales cañas, se yuxtaponen a la celosía de lamas horizontales, creando una fuerte tensión entre lo horizontal y lo vertical.

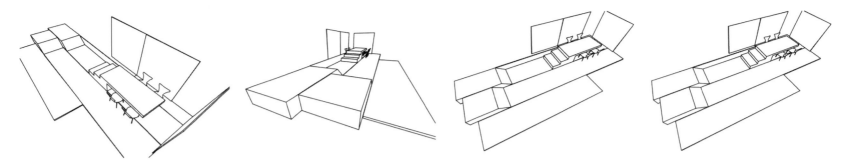

Perspectives

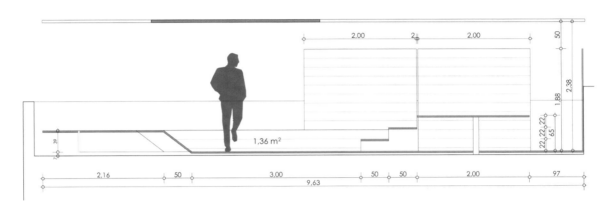

Section

2,00   2,00   50

2,38

1,88

1,36 m²

22, 22, 22   65

2,16   50   3,00   50 50   2,00   97

9,63

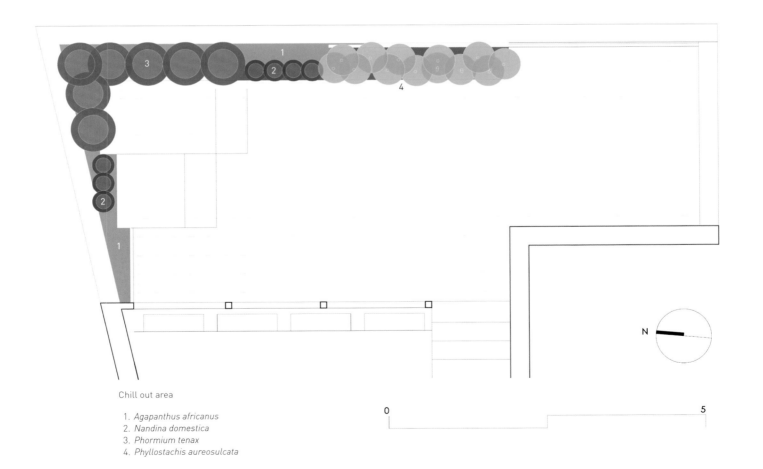

Chill out area

1. *Agapanthus africanus*
2. *Nandina domestica*
3. *Phormium tenax*
4. *Phyllostachis aureosulcata*

0   5

N

A SMALL GREEN TREASURE

MADRID, SPAIN

Landscaper La Paisajista – Jardines con alma
Photographer © Monique Briones

On the ground floor of a building in an urban centre with few green areas, surrounded by the green of its vertical gardens, this small courtyard is an oasis for the senses, making us feel far from the big city. The floor is covered with artificial grass, overlaid with Ipe wood decking to add interest to the space, make it feel larger and separate the two zones: the dining and living areas. It is completed with a wall fountain, whose gentle trickle softens the sound of the city and gives a relaxing feel.

Im Erdgeschoss eines Gebäudes in einem Stadtgebiet mit wenig Grünflächen, ist dieser kleine Innenhof, umgeben vom Grün der vertikalen Gärten, eine Oase für die Sinne, die dafür sorgt, dass wir uns fern der Großstadt fühlen. Der Boden ist mit Kunstrasen bedeckt, auf dem eine Plattform aus Ipé-Holz platziert wurde, um dem Raum eine interessante Note zu verleihen, ihn großzügiger wirken zu lassen und zudem zwei Bereiche voneinander abzutrennen: Speisesaal und Wohnbereich. Schließlich mildert ein Brunnen an der Wand mit seinem ununterbrochenen Murmeln die Geräusche der Stadt und lädt zur Entspannung ein.

Situé au rez-de-chaussée d'un édifice citadin avec peu d'espaces verts, entouré de la verdure de ses jardins verticaux, ce petit patio est une oasis pour les sens qui nous transporte loin de la grande ville. Le sol revêtu de gazon artificiel sur lequel est placé un parquet en ipé ajoute un intérêt à l'espace : le rendre plus grand tout en créant une séparation entre deux espaces, la salle à manger et le séjour. Pour terminer, une fontaine sur le mur qui, avec son murmure continu, adoucit le brouhaha de la ville et invite à la détente.

En la planta baja de un edificio de un núcleo urbano con escasas zonas verdes, rodeado del verdor de sus jardines verticales, este pequeño patio es un oasis para los sentidos que nos hace sentir alejados de la gran ciudad. El suelo está revestido con césped artificial y sobre este se ha colocado una tarima de ipé para añadir interés al espacio, hacerlo parecer más amplio y también separar dos ambiente, el comedor y la zona de estar. Para finalizar, una fuente en la pared que con su murmullo continuo suaviza el ruido de la ciudad e invita al relax.

The furniture has an important role in this small space that, thanks to its vertical planting, can include abundant and varied vegetation.

Die Möbel spielen eine wichtige Rolle in diesem kleinen Raum, der dank der vertikalen Pflanzung mit einer abwechslungsreichen und üppigen Vegetation punkten kann.

Les meubles jouent un rôle principal dans cet espace confiné qui, grâce au système de plantation verticale, peut compter sur une végétation, abondante et variée.

Los muebles cumplen una función principal en este pequeño espacio, que, gracias al sistema de plantación vertical, puede contar con variada y abundante vegetación.

The sofa, Corten steel table and massaranduba wood stools combine with the decking to create a high-quality feel as well as adding a modern touch.

Das Sofa, der Tisch aus Corten-Stahl und die Schemel aus Massaranduba-Holz zusammen mit der Plattform geben dem Ambiente Wärme und verleihen der Gestaltung gleichzeitig einen Hauch Modernität.

Le sofa, la table en acier corten, les tabourets en bois massaranduba et le parquet ajoutent de la chaleur au cadre tout en apportant une touche de modernité au design.

El sofá, la mesa de acero corten y los taburetes de madera massaranduba junto con la tarima añaden calidez al entorno a la vez que aportan un toque modernidad al diseño.

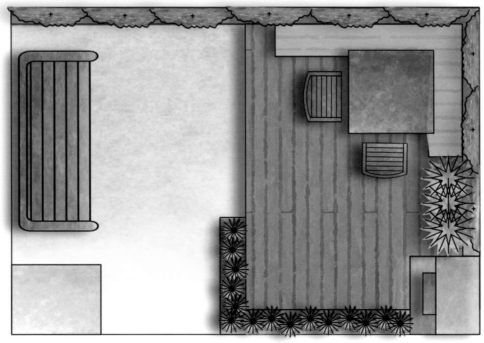

Floor plan

TERRACE SAN PETRONIO

BOLOGNA, ITALY

Landscaper **marsiglilab**
Photographer © **marsiglilab**

The project is situated in Bologna's historic centre. The terrace commands stunning views of San Petronio cathedral, a distinctive landmark in the city that strongly influenced the language and choices for this project, setting out a space that communicates directly with the city, maintaining a functional division between the access and the more private areas. The project is divided into two levels, on the upper level is a pergola, making the furnished area a sheltered and functional space. The lower level has L-shaped Corten steel pots that separate the living room at the entrance to the private part of the house from the public area.

Das Projekt befindet sich in der Altstad von Bologna. Die Terrasse wird von der Kathedrale des Heiligen Petronius, dem unverwechselbaren Wahrzeichen der Stadt, das großen Einfluss auf die Sprache und Wahl des Projektes hat, dominiert, indem es einen Raum umreißt, der direkt mit der Stadt verbunden ist, und eine funktionale Trennung zwischen dem Zugang und den privateren Bereichen bewahrt. Das Projekt ist in zwei Ebenen unterteilt, auf der oberen Etage befindet sich eine Pergola, die dafür sorgt, dass der eingerichtete Bereich funktionell und geschützt ist. Der untere Bereich beherbergt L-förmige Blumentöpfe aus Corten-Stahl, die das Wohnzimmer am Eingang der Privatresidenz vom Gemeinschaftsbereich abtrennen.

Le projet se trouve dans le centre historique de Bologne. La terrasse domine la cathédrale de San Petronio, caractéristique distinctive de la ville qui influe fortement sur le langage et le choix du projet dessinant un espace qui communique directement avec la ville, maintenant ainsi une division fonctionnelle entre l'accès et les espaces les plus intimes. Le projet est divisé en deux niveaux. Au niveau supérieur se trouve une pergola qui rend l'espace meublé fonctionnel et protégé. Le niveau inférieur abrite des jardinières en acier corten en forme de L qui séparent le salon de l'entrée de la résidence privée de l'espace public.

El proyecto está situado en el centro histórico de Bolonia. La terraza domina la catedral de San Petronio, elemento distintivo de la ciudad que influye fuertemente en el lenguaje y la elección del proyecto, delineando un espacio que comunica directamente con la ciudad, manteniendo una división funcional entre el acceso y las zonas más íntimas. El proyecto se divide en dos niveles, en el nivel superior se encuentra una pérgola que hace que el área amueblada sea funcional y protegida. El área inferior alberga unos maceteros de acero corten en forma de L que separan el salón de la entrada de la residencia privada de la zona pública.

The enormous pots sit on gravel paving that adds to the aesthetic value and allows for easy watering.

Die großen Blumentöpfe stehen auf einer Kiespflasterung, was zu einem Plus an Ästhetik beiträgt und die Bewässerung ermöglicht.

Les énormes pots de fleurs sont posés sur le gravier, ce qui ajoute de la valeur esthétique et favorise le système d'irrigation.

Las enormes macetas se colocan sobre pavimento de grava que contribuye al valor estético y permite el sistema de riego.

The use of large pieces of furniture creates a contrast with the monumental scale of the church and makes it an impressive space.

Der Einsatz von großformatigen Einrichtungselementen ermöglicht es, ein Spiel des Kontrastes mit der Monumentalität der Kirche und eine Erinnerungen heraufbeschwörende Atmosphäre zu schaffen.

Le recours à d'imposants meubles permet de créer un jeu de contraste avec la monumentale église et une atmosphère évocatrice.

El uso de elementos de mobiliario de gran tamaño permite crear un juego de contraste con la monumentalidad de la iglesia y una atmósfera evocadora.

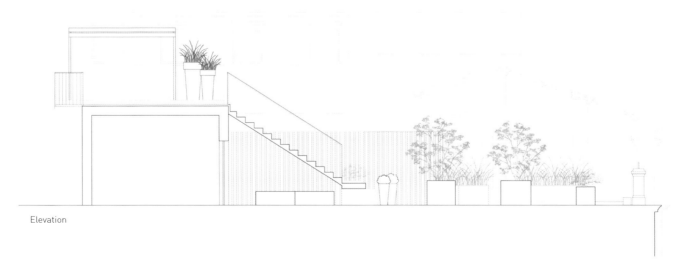

Elevation

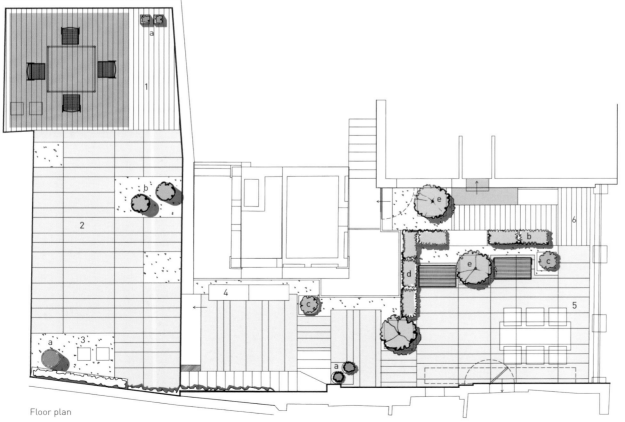

Floor plan

1. Area living with pergola
2. Pavement in serene stone slabs
3. Cut in gravel flooring
4. Corten steel chairs/planters
5. Dining area
6. Wooden slats flooring

a. *Buxus semperivens*
b. *Pennisetum alopecuroides*
c. *Myrtus communis*
d. *Miscanthus sinensis*
e. *Acer palmatum*

URBAN OASIS

LONDON, UNITED KINGDOM

Landscaper **Barbara Samitier Landscape & Garden Design**
Photographer © **Barbara Samitier**

This small garden is situated between the studio and the house where the owners live. They are both graphic designers who love mid-century design but also enjoy nature and walking. They also adore Japan, a country they have visited on more than one occasion. From this, the design for the garden took shape, becoming something not typically Japanese, but following some principles of Japanese design. Japanese gardens use moss, water and smooth stones to encourage people to walk slowly through them and contemplate them. Two paths were created: one follows the line of desire and goes directly from the house to the study; the other is very narrow, with lots of lush vegetation to admire.

Dieser kleine Garten liegt zwischen dem Studio und dem Haus, in dem Grafikdesigner leben und arbeiten, die vom Design der Jahrhundertmitte angetan sind, jedoch auch die Natur und das Wandern lieben. Zudem verehren sie Japan, ein Land, das sie bereits mehrmals besucht haben. Vor diesem Hintergrund wird die Gestaltung dieses Gartens in Angriff genommen, der - ohne typisch japanisch zu sein - einige Grundregeln der japanischen Gartenbaukunst befolgt. Japanische Gärten verwenden Moos, Wasser und glatte Steine, die den Menschen zwingen, langsam zu gehen, um ihn betrachten zu können. Zwei Pfade wurden geschaffen: Einer folgt dem „Desire Path" und führt vom Haus direkt ins Studio. Der andere, sehr enge Pfad ist von üppiger Vegetation umgeben, die betrachtet werden will.

Ce petit jardin est situé entre le studio et la maison où vivent et travaillent des designers graphiques fascinés par le design du milieu du siècle dernier, mais qui aiment aussi la nature et la marche. Ils adorent aussi le Japon, pays qu'ils ont visité à plusieurs reprises. La conception de ce jardin a été abordée à partir de ceci, sans être pour autant typiquement japonais, mais en suivant quelques-uns de ses principes. Les jardins japonais utilisent de la mousse, de l'eau et des pierres lisses afin d'obliger les gens à marcher lentement pour pouvoir les contempler. Deux allées ont été créées : l'une suit la ligne du désir et va directement de la maison au studio et l'autre, très étroite, avec de la végétation luxuriante pour être contemplée.

Este pequeño jardín está situado entre el estudio y la casa donde viven y trabajan unos diseñadores gráficos admiradores del diseño de mediados de siglo, pero que además aman la naturaleza y caminar. También adoran Japón, país que han visitado en más de una ocasión. Partiendo de esto, se aborda su diseño que, sin ser típicamente japonés, sigue algunos de sus principios. Dichos jardines usan musgo, agua y piedras resbaladizas para obligar a caminar despacio y así contemplarlo. Se han creado dos caminos: uno sigue la línea del deseo y va directo de la casa al estudio; el otro, muy estrecho, con vegetación exuberante para ser admirada.

The second path offers a "scenic route" with plant details and textures that encourage you to stop and look. It gives the impression that the garden is larger as it takes longer to see it all.

Der zweite Pfad beschreibt einen malerischen Weg mit Details in puncto Bepflanzung und Texturen, welche die Menschen dazu einladen, innezuhalten und diese Details zu bewundern, was den Eindruck vermittelt, dass der Garten größer ist, da der Mensch mehr Zeit braucht, um ihn zu durchschreiten.

La deuxième allée offre une « route scénique » avec des éléments de plantation et des textures qui invitent les personnes à s'arrêter et à admirer, donnant ainsi l'impression que le jardin est plus grand, car on prend plus de temps à le traverser.

El segundo camino ofrece una "ruta escénica" con detalles de plantación y texturas que invitan a la gente a detenerse y admirar, dando la impresión de que el jardín es más grande, ya que se tarda más tiempo en recorrerlo.

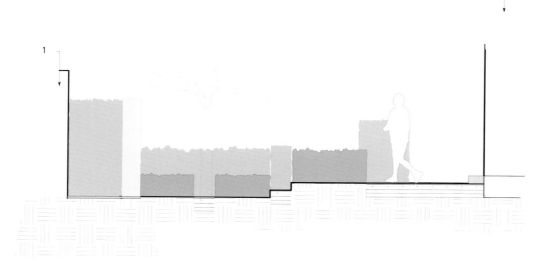

Section elevation

1. Existing garden office
2. Existing house

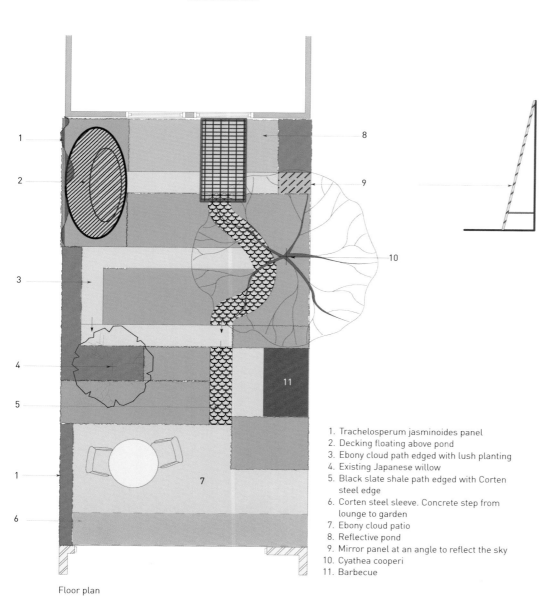

Floor plan

1. Trachelosperum jasminoides panel
2. Decking floating above pond
3. Ebony cloud path edged with lush planting
4. Existing Japanese willow
5. Black slate shale path edged with Corten steel edge
6. Corten steel sleeve. Concrete step from lounge to garden
7. Ebony cloud patio
8. Reflective pond
9. Mirror panel at an angle to reflect the sky
10. Cyathea cooperi
11. Barbecue

Detail steps

1. Black slate shale path
2. Ever edge Titan riser
3. Ebony cloud paving with overhang on mortar bed
4. Compacted sub base

182

TELEGRAPH HILL

SAN FRANCISCO, CALIFORNIA, UNITED STATES

Architect **Feldman architecture**
Landscaper **Clarke de Mornay at Flora Grubb Gardens**
Photographer © **Joe Fletcher**

The renovation of this building reinvented the façade with a grey limestone cladding and created a frame-work around the windows and garage. The upper section of the façade was removed to make space for a glass platform that bathes the whole upper floor in light. From this platform, there are impressive views of the city while enjoying the warmth of the fireplace or you can even dine there with the sensation of eating al fresco with the city at your feet.

Bei der Umgestaltung dieser Wohnstätte wurde die Fassade zur Straße hin mit einer Verkleidung aus grau-em Kalkstein, indem Rahmen um Fenster und Garage projiziert werden, neu erfunden. Der obere Teil der Fassade wurde gefluchtet, um Platz für eine verglaste Plattform zu schaffen, welche die ganze Etage mit Licht durchflutet. Von diesem Deck genießen die Bewohner den eindrucksvollen Blick auf die Stadt und die Wärme des Kamins oder sogar ein Abendessen mit dem Gefühl, im Freien zu sein, während ihnen die Stadt zu Füßen liegt.

Lors de la rénovation de cette maison, on a réinventé la façade de la rue avec un revêtement en roche cal-caire grise tout en projetant les cadres autour des fenêtres et du garage. La partie supérieure de la façade est en retrait afin de faire place à une surface vitrée qui inonde de lumière tout l'étage. Depuis cette toiture, il est possible de jouir des vues imprenables de la ville à la chaleur de la cheminée ou profiter d'un dîner avec l'impression d'être en plein air et d'avoir la ville à ses pieds.

En la remodelación de esta vivienda se reinventó la fachada de la calle con revestimiento de piedra caliza gris y proyectando marcos alrededor de las ventanas y garaje. La parte superior de la fachada se retran-queó para dar lugar a una plataforma acristalada que inunda de luz toda la planta. Desde esta cubierta se puede disfrutar de las impresionantes vistas de la ciudad al calor de la chimenea, o incluso disfrutar de una cena con la sensación de estar al aire libre y con la ciudad a los pies.

The retractable awning means the terrace can be used all year round. As all the walls are glazed, when it is open the feeling of being part of the outside is absolute.

Dank der einziehbaren Markise lässt sich die Terrasse das ganze Jahr über nutzen. Da alle Wände verglast sind, ist die Eingliederung des Außenbereichs bei ausgefahrener Markise umfassend.

La voile d'ombrage rétractable permet de jouir de la terrasse toute l'année. Grâce aux murs de verre, lorsqu'elle est déployée, l'intégration avec l'extérieur est totale.

El toldo retráctil permite utilizar la terraza durante todo el año. Al ser todas las paredes acristaladas, cuando está abierto la integración con el exterior es absoluta.

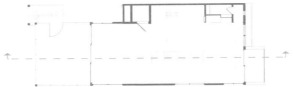

Section perspective – Looking Northward

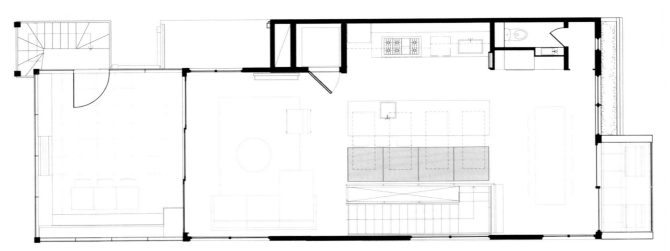

Top floor plan

IN THE MIDDLE OF THE WOODS

SAN SEBASTIAN, SPAIN

Landscaper **La habitación verde**
Photographer © **La habitación verde**

The terraces of this attic look out onto a deciduous forest that surrounds the outside space around the house. The design includes linear planters along the edges of the terraces. These plantings at different levels conceal the terrace's edges, bringing the forest into the inner landscape of this space. The lines of planters are occasionally interrupted to create little viewing points. The plants hide discordant elements such as a large chimney breast and the terrace's security fencing.

Diese von einem Blättermeer umgebenen Dachterrassenstellen den Außenbereich des Wohnhauses dar. Um auf die Umgebung einzugehen, schlug der Designentwurf die Verwendung von linearen Pflanzkästen über die gesamte Länge der Terrassen vor. Die Bepflanzung auf unterschiedlichen Ebenen verdeckt das Ende der Terrasse und schafft einen stufenlosen Übergang zum Wald, der sich dadurch bis ins Innere zu erstrecken scheint. Gelegentlich wird der Rhythmus der Kästen unterbrochen und macht Aussichtspunkten Platz. Die Bepflanzung verdeckt unharmonische Elemente, wie einen großen Schornstein und die Sicherheitsgeländer der Terrasse.

Les terrasses de ce dernier étage, entourées d'une forêt d'arbres à feuilles caduques qui cerne l'espace extérieur de la maison. L'offre de conception propose d'inclure des jardinières linéaires le long de la délimitation des terrasses. Ces plantations de différents niveaux cachent les limites de la terrasse en intégrant la forêt dans le paysage intérieur de celle-ci. Le rythme des jardinières est parfois rompu par des miradors qui permettent de jeter un coup d'œil. La végétation cache des éléments discordants tels que la grande cheminée et les rambardes de sécurité de la terrasse.

Las terrazas de este ático están rodeadas por un bosque de hoja caduca que rodea el espacio de exterior de la vivienda. La propuesta de diseño plantea integrar jardineras lineales a lo largo de los límites de las terrazas. Estas plantaciones a diferentes niveles esconden los límites de la terraza introduciendo el bosque en el paisaje interior de la misma. En ocasiones el ritmo de las jardineras se rompe creando miradores que permiten asomarse. La vegetación oculta elementos discordantes como una gran chimenea y las barandillas de seguridad de la terraza.

The horizontal wooden walls on the outside rise vertically from the planters and viewpoints to create a sense of continuity and give the space a warm feel.

Die horizontalen Ornamente aus Holz gehen an den Pflanzkästen und Aussichtsstellen in die Vertikale über, um ein Gefühl der Kontinuität zu erzeugen, und verleihen dem Raum Wärme.

Les parements horizontaux en bois d'extérieur surplombent verticalement les jardinières et les miradors afin de donner une sensation de continuité et fournir de la chaleur à l'espace.

Los paramentos horizontales de madera de exterior suben en vertical en las jardineras y miradores para crear una sensación de continuidad y proporcionan calidez al espacio.

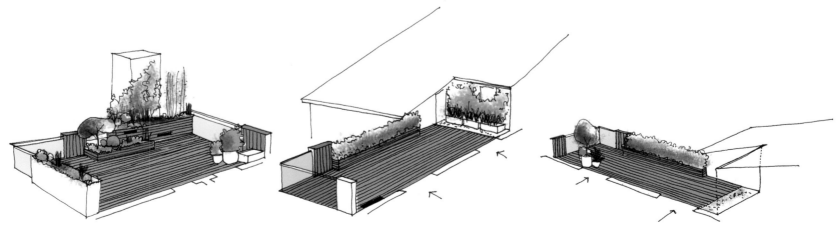

Perspectives

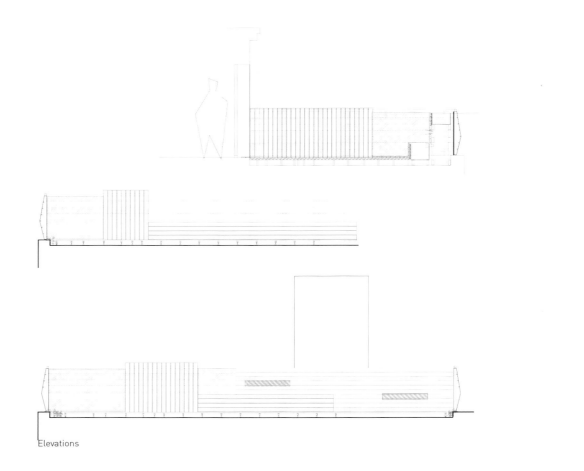

Elevations

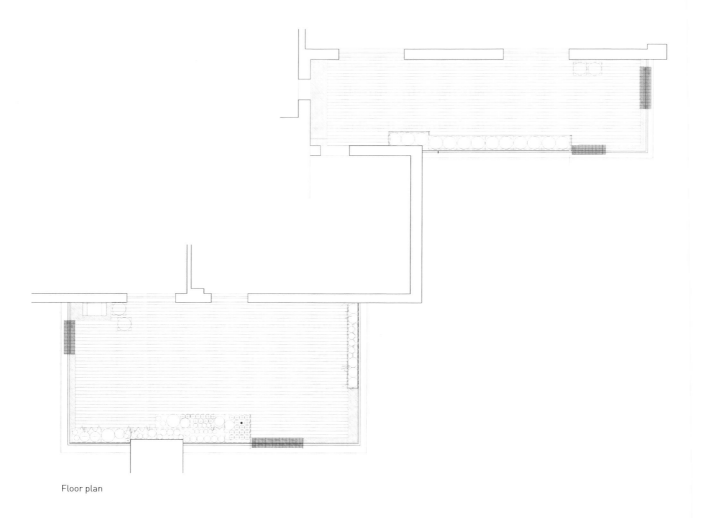

Floor plan

In contrast to the homogeneous green, a range of different plants have been used to introduce colour and variety and enrich the garden: lavender, clematis, rosemary and viburnum among others.

Im Kontrast zu dem homogenen Grün des Waldes werden Pflanzen ausgewählt, die Farbe und Vielfalt ins Spiel bringen: Lavendel, Clematis, Rosmarin und Viburnum sind nur einige davon.

Face à la couleur vert bois homogène, des plantations ajoutent de la couleur et de la variété afin d'agrémenter le jardin : lavandes, clématites, romarins et viornes, parmi d'autres.

Frente al homogéneo tono verde boscos se realiza un diseño de plantaciones que introduce color y variedad para enriquecer el jardín: lavandas, clemátides, romeros y viburnos entre otras.

SOUNDS OF NATURE

ALCOBENDAS, MADRID, SPAIN

Landscaper **Liquidambar**
Photographer © **Liquidambar**

Although this patio is small, it has been created with amazing attention to detail. The organised design of clean lines brings the essence of nature inside. It has a small copse of birch trees between black boulders, the black contrasting with the thin white trunks of the birch trees. The serenity of the still water, in the small black-lined pond, reflects the surrounding space and contrasts with the trickle of the small waterfall that pours into the pond, creating pleasant natural sounds.

Dieser Innenhof ist zwar klein, aber im Detail von minutiöser Komplexität. Das Design der klaren und geordneten Linien versammelt in seinem Inneren die Essenz der Natur. Hier findet sich ein kleiner Birkenhain, der aus runden schwarzen Steinen wächst, die einen starken Kontrast zu den zarten weißen Stämmchen bilden. Die Stille des ruhigen Wassers in dem schwarzen Blechbehälter reflektiert den umgebenden Raum und kontrastiert das Fließen des Wassers in Bewegung, das als zarte Kaskade herabfällt und dabei angenehme Naturklänge erzeugt.

Malgré sa petite taille, ce patio présente une minutieuse complexité dans le détail. La conception des lignes nettes et ordonnées reprend à l'intérieur l'essence de la nature. Un petit bosquet de bouleaux à l'intérieur pousse entre de gros galets noirs offrant ainsi un contraste prononcé avec les fins troncs blancs. La sérénité de l'eau tranquille présente dans une lame noire reflète l'espace périphérique et contrasté avec la fluidité de l'eau en mouvement qui, en fine cascade, tombe sur sa lame créant ainsi d'agréables sons de la nature.

Este patio, a pesar de ser pequeño, presenta una minuciosa complejidad en el detalle. El diseño de líneas nítidas y ordenadas recoge en su interior la esencia de la naturaleza. Posee un pequeño bosquete de abedules que crece entre cantos rodados negros, ofreciendo gran contraste con sus finos troncos blancos. La serenidad del agua quieta, presente en una lámina de color negro, refleja el espacio circundante y contrasta con la fluidez del agua en movimiento, que en fina cascada, rompe contra su lámina, creando agradables sonidos de la naturaleza.

The vegetation combines birch trees with trimmed boxwood to create a chessboard effect. The blue of the agapanthus gives an elegant touch of colour.

Die Vegetation vereint Birke und beschnittenen Buchsbaum in Schachbrettanordnung. Das typische Blau der Agapanthus-Schmucklilien verleiht dem Ganzen eine elegante Note.

La végétation est associée à des bouleaux avec du buis taillé, disposés en damier. Le bleu caractéristique des agapanthes apporte une élégante note de couleur à l'ensemble.

La vegetación combina los abedules con boj tallado en disposición ajedrezada. El característico azul de los agapantos aporta una elegante nota de color al conjunto.

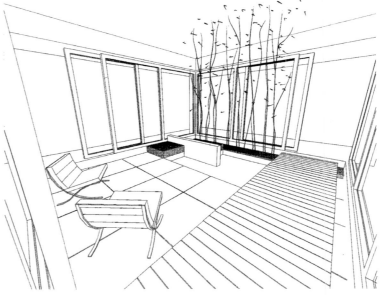

Large square tiles made from white Macael marble with veining create a flat surface for a bench or a table. The interior of the pond is made from dark, almost black, basalt stone.

Die Teile aus weiß gemasertem Macael-Marmor, groß und quadratisch, schaffen einen planen Bereich, auf den eine Bank oder ein Tisch gestellt werden kann. Das Innere des Teichs besteht hingegen aus dunklem, fast schwarzem Basalt.

Pierres de marbre macael blanches avec leur veine, grandes et carrées, offrent un espace plat pour y placer un banc ou une table. L'intérieur de l'étang est par contre en pierre sombre, presque noire, en basalte.

Piedras de mármol macael, blancas con su veta, grandes y cuadradas proporcionan una zona plana para colocar un banco o una mesa. El interior del estanque, por contra, es de piedra oscura, casi negra, de basalto.

Perspective

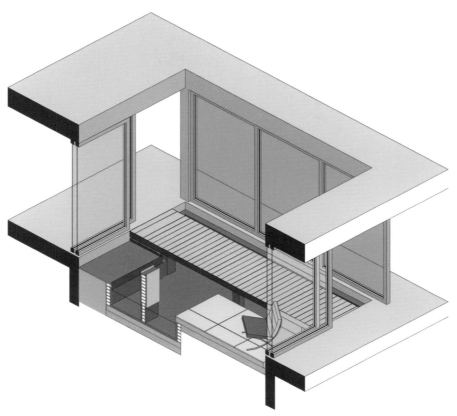

Constructive section

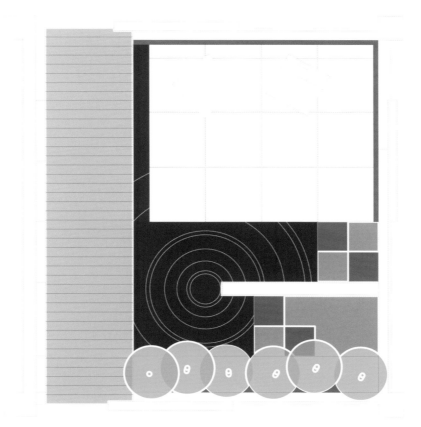

Floor plan

MODERN URBAN TERRACE

MADRID, SPAIN

Landscaper   **La habitación verde**
Photographer   © **La habitación verde**

The design proposal for this terrace was clear and defined from the beginning. As the house was to be rented to businessmen, the idea was to create an elegant and sophisticated urban space but one that was practical and low maintenance. This is the thinking behind the concrete furniture.
The grey porcelain floor combines with the engineered wood that wraps around the terrace to create planting areas and vertical surfaces to visually separate the space from unwanted gazes.
Large planters containing two olive trees, pruned into different shapes, create a visual effect within the terrace, with brightly coloured furniture the only other touch of colour.

Der Entwurf dieser Terrasse war von Anfang an klar und definiert. Da es sich um eine Wohnung handelt, die an Geschäftsleute vermietet wird, sollte ein eleganter urbaner Raum entstehen, der zugleich praktisch ist und wenig Pflege erfordert, weshalb Teile des Mobiliars auch gleich gemauert wurden.
Der graue porzellanische Boden passt zu den Holzbauten, welche die Terrasse umgeben und die bepflanzten Bereiche einfassen, und den vertikalen Sichtschutzwänden, die unerwünschte Blicke verhindern.
Töpfe mit zwei unterschiedlich verschnittenen Oliven lassen ein optisches Spiel auf der Terrasse entstehen, die mit Mobiliar versehen wird, das ein wenig Farbe hereinbringt.

L'approche de la conception de cette terrasse est claire et définie depuis le début. S'agissant d'une maison destinée à la location à des cadres, on a cherché à créer un espace urbain élégant et sophistiqué tout en étant pratique et nécessitant peu d'entretien, c'est pour cette raison que le mobilier est construit en maçonnerie. Le sol en porcelaine gris s'harmonise avec le bois franc de haute performance qui entoure la terrasse pour créer des espaces de plantations et d'autres pans verticaux qui séparent visuellement l'espace des vues non souhaitées. Des pots de fleurs avec deux oliviers, élagués de différentes tailles créant ainsi un jeu visuel sur la terrasse, agrémentée d'un mobilier annexe et qui apporte une touche colorée.

El planteamiento del diseño de esta terraza estaba claro y definido desde un principio. Al tratarse de una vivienda destinada al alquiler a ejecutivos, se busca crear un espacio urbano elegante y sofisticado pero a la vez muy práctico y sin apenas mantenimiento, de ahí que parte del mobiliario sea de obra.
El suelo de porcelánico gris se combina con la madera tecnológica que abraza la terraza para crear las zonas de plantaciones y unos frentes verticales que separan visualmente el espacio de las vistas no deseadas. Macetones con dos olivos, podados en diferentes portes crean un juego visual dentro de la terraza, que se decora con un mobiliario auxiliar que aporta un toque de color.

The large high central table visually separates the spaces on the terrace and allows to organise it into two areas: living area and sun terrace.

Der große hohe Tisch in der Mitte trennt die Bereiche der Terrasse optisch voneinander und ermöglicht die Unterteilung in den Aufenthalts- und den Sonnenbereich.

La grande table haute centrale sépare visuellement les espaces de la terrasse et permet de les organiser en deux pièces : séjour et solarium.

La gran mesa alta central separa visualmente los espacios de la terraza y permite organizarlos en dos áreas: estar y solárium.

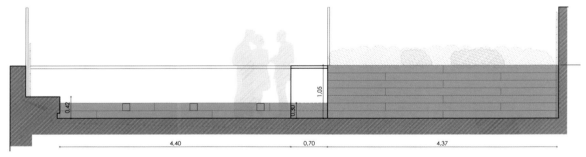

1,05

0,42 0,30

4,40   0,70   4,37

Section

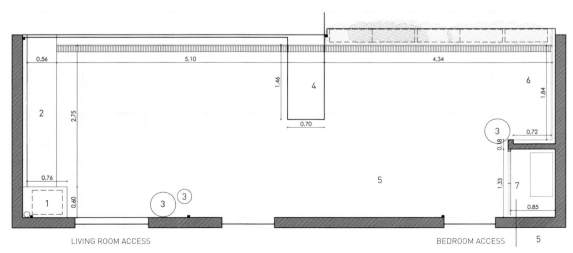

0,56   5,10   4,34

1,46

4   6

1,84

2   2,75

0,70

3

0,72

0,18

0,76

5

1,33

7

0,60

1   3   3

0,85

LIVING ROOM ACCESS   BEDROOM ACCESS   5

Floor plan

1. Planter
2. Bench
3. Flower pot
4. Table
5. Solarium area
6. Shower area
7. Storage

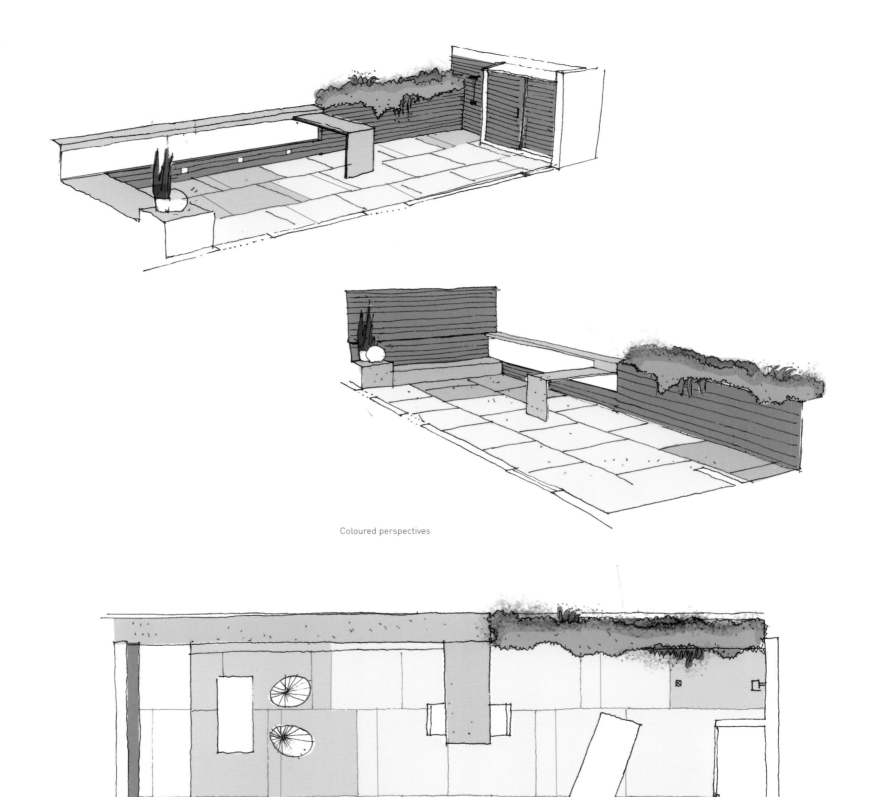

Coloured perspectives

Floor plan sketch

GARDEN SASSUOLO

SASSUOLO, ITALY

Architect Enrico Iascone Architetti
Landscape architect marsiglilab
Photographer © Daniele Domenicali

This garden project is determined by two things: the first is the skin of the building, constructed in very thin ceramic panels; the second is the design of the building, a volume with sharp edges perforated with large windows. The landscaping project has been designed with the two gardens considered as one and following the lines of the building, using what could be called "architectural plants". Within the garden are two areas typical of residential spaces: a living room and a vegetable patch lifted off the ground by two Corten steel steps.

Der Entwurf für diesen Garten wurde von zwei Aspekten bestimmt: Der erste ist die Hülle der Fassade des Gebäudes, die aus sehr dünnen, dunklen Keramikplatten besteht. Der zweite ist die Gestaltung des Gebäudes, einem Volumen, das von scharfen Kanten begrenzt und von großen Fenstern durchbrochen wird. Beim Entwurf für die Gartengestaltung wurden unter Einsatz einer „architektonischen Vegetation" beide Gärten als einer betrachtet und die Linien des Gebäudes verfolgt. Im Garten gibt es zwei typische Umfelder von Wohnräumen: Ein Wohnzimmer und einen Obstgarten, die durch zwei Stufen aus Corten-Stahl vom Boden abgesetzt sind.

Le projet de ce jardin est déterminé par deux aspects : le premier est le revêtement de la façade de l'édifice construite en plaques de céramique sombre très fine et le deuxième est la conception de l'édifice, un volume aux bords affûtés, perforé par de grandes baies vitrées. Le projet de paysage a été élaboré en considérant les deux jardins comme un seul et en suivant les lignes de l'édifice tout en utilisant une « végétation architectonique ». Le jardin propose deux espaces typiques des espaces résidentiels : un séjour et un verger surélevé par deux marches en acier corten.

El proyecto de este jardín viene determinado por dos aspectos: el primero es la piel de la fachada del edificio construida en placas de cerámica oscura muy fina; el segundo es el diseño del edificio, un volumen formado por bordes afilados perforado por grandes ventanas. El proyecto de paisaje ha sido preparado considerando los dos jardines como uno y siguiendo las líneas del edificio, utilizando una "vegetación arquitectónica". Dentro del jardín se encuentran dos entornos típicos de los espacios residenciales: una sala de estar y un huerto levantado desde el suelo por dos escalones hechos de acero corten.

The hedges trimmed into spheres as well as the spherical stones resting on a rounded edged slope contrast with the straight lines of the façade, creating an interesting mix of volumes and shapes.

Die kugelförmig beschnittenen Pflanzen und die Steinkugeln, die auf einem Bett von Kieselsteinen ruhen, kontrastieren mit den geraden Linien der Fassade und schaffen so ein interessantes Spiel aus Volumen und Formen.

Les plantes taillées en forme de boule, ainsi que les sphères de pierre qui reposent sur un lit de galets roulés contrastent avec les lignes droites de la façade créant ainsi un jeu intéressant de volumes et de formes.

Las plantas podadas en forma de bola así como las esferas de piedra que descansan sobre un lecho de cantos rodados contrastan con las líneas rectas de la fachada creando un interesante juego de volúmenes y formas.

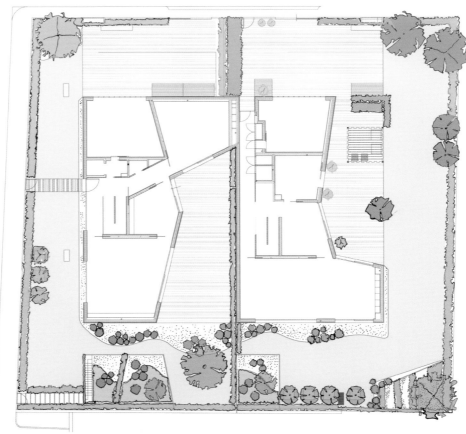

Floor plan

On the upper floor, a balcony with wooden decking and unframed glass railings to ensure there is no interference with the views from inside.

Auf der oberen Etage befindet sich ein Balkon mit einer Holzplattform, deren profilfreies Glasgeländer jegliche Störung des Ausblicks vom Inneren heraus vermeidet.

À l'étage supérieur, un balcon avec un parquet en bois et une rambarde en verre sans profilés dégage la vue depuis l'intérieur.

En la planta superior, una balcón con tarima de madera cuya barandilla de vidrio exenta de perfiles evita cualquier posible interferencia en las vistas desde el interior.

HIDDEN OASIS

UTRERA, SEVILLA, SPAIN

Landscaper Xeriland
Photographer © Marta Montoya, Mónica Magister

Right in the centre of the city, this courtyard surprises with its bright colours, both in the plants and the other materials used on the vertical and horizontal walls. This, along with the use of groups of palm trees and the sound of the fountain and the splash of the waterfall in the pool, has turned the space into an oasis that provides shade and freshness in the hottest months. The aim of the project was to create a garden space with a sense of movement within a renovated building, with evergreen plants the focal point, as well as making it sustainable and low maintenance.

Mitten im Stadtzentrum gelegen überrascht dieser Patio eines Wohnhauses durch die Farbgestaltung sowohl der Pflanzen als auch der anderen für die vertikalen und horizontalen Ornamente verwendeten Materialien. Dank ihres Vorhandenseins, der Palmengruppen und des Plätscherns des Brunnens und des Wasserfalls im Schwimmbad ist eine Oase entstanden, die in der warmen Jahreszeit Schatten und Kühle bietet. Ziel des Projektes war es, im Inneren eines sanierten Gebäudes einen bepflanzten und bewegten Raum zu schaffen, wobei es vorrangig um die Dauerhaftigkeit der Pflanzen, Nachhaltigkeit und geringen Pflegebedarf ging.

Situé en plein cœur de la ville, ce patio de maison surprend par la couleur qui présente tant la végétation que les autres matériaux utilisés pour les revêtements verticaux et horizontaux. Grâce à son utilisation et à l'insertion de palmiers, associées au son de la fontaine et de la cascade de l'eau dans la piscine, il a été transformé en une oasis qui offre de l'ombre et de la fraîcheur pendant les périodes les plus chaudes. L'objectif du projet était de créer un espace cultivé avec un mouvement à l'intérieur d'un bâtiment rénové où la préservation de la végétation, la durabilité et le faible entretien étaient primordiaux dans la conception.

Ubicado en pleno centro de la ciudad este patio de vivienda sorprende por el colorido que muestra tanto la vegetación como el resto de los materiales utilizados en paramentos verticales y horizontales. Gracias a su intervención, con la introducción de grupos de palmeras y unido al sonido de la fuente y de la cascada del agua en la piscina, se ha convertido en un oasis que confiere sombra y frescor en las épocas más calurosas. El objetivo del proyecto era crear un espacio ajardinado con movimiento en el interior de un edificio rehabilitado, donde era primordial en el diseño la permanencia de vegetación, la sostenibilidad y el bajo mantenimiento.

The plants are in opposing areas. On the right, on mounds at two different heights, grow two groups of coconut trees *Arecastrum romanzoffianum*, with agapanthus and strelitzias.

Die Bepflanzung befindet sich in zwei sich gegenüberliegenden Bereichen. Rechts wachsen auf zwei unterschiedlichen Höhen zwei Kokospalmengruppen der Art *Arecastrum romanzoffianum* mit Agapanthus und Strelitzien.

La végétation se trouve dans deux zones face à face. Sur celle de droite, sur une base de monticules à deux niveaux, se croisent deux ensembles de cocotiers, *Arecastrum romanzoffianum*, avec des agapanthes et des strelitzias.

La vegetación se sitúa en dos zonas enfrentadas. En la de la derecha, en una a base de montículos a dos alturas, crecen dos grupos de cocoteros, *Arecastrum romanzoffianum*, con agapantos y estrelitzias.

In the planted areas next to the pool, low maintenance is the order of the day, there are steps formed by *Euphorbia candelabrum* and the stunning purple *Tradescanthia pallida*.

Bei der Pflanzenauswahl neben dem Pool ging es in erster Linie um niedrigen Pflegeaufwand, sie besteht aus stufenförmig angelegten Exemplaren von *Euphorbia candelabrum* und dem beeindruckenden Violett der *Tradescanthia pallida*.

La végétation qui se trouve à proximité de la piscine favorise le peu d'entretien. Elle comprend des escaliers d'*Euphorbia candelabrum* et de *Tradescanthia pallida* violet flashant.

En la vegetación situada junto a la piscina prima el bajo mantenimiento. Está formada por escalones con ejemplares de *Euphorbia candelabrum* y de *Tradescanthia pallida* de un impactante color morado.

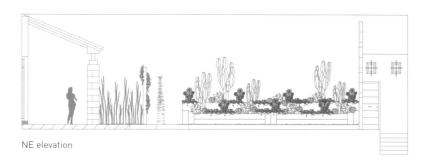

NE elevation

SE elevation

SW elevation

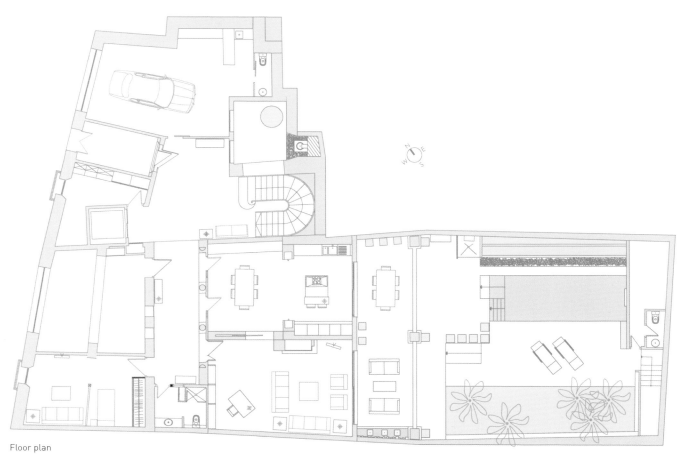

Floor plan

GRAVEL GARDEN ON THE ROOF

VIENNA, AUSTRIA

Landscaper 3:0 Landschaftarchitektur
Photographer © Hertha Hurnaus

Using the plants of the house as a starting point, this is a two-pronged garden with a great view of the city. The elements that characterise the design are the islands of plants made from Niro steel, that seem to burst forth from the basalt gravel beds, unfolding into a range of different coloured blooms throughout the year. A terrace in natural black stone frames the gravel areas. In front of the opaline glass railings, are a range of straight-edge sombre pots with different herbs and plants, which along with the curved shape of the islands, create an interesting play of geometric shapes.

Wenn man den Grundriss des Hauses als Grundlage betrachtet, ist dies ein Garten mit zwei Flügeln auf der Dachterrasse mit einem großartigen Blick auf die Stadt. Die Elemente, die dessen Gestaltung kennzeichnen, sind Inseln mit Pflanzen aus Edelstahl, die buchstäblich aus dem Basaltkieselbett aufzutauchen scheinen und das ganze Jahr über Blumen in verschiedenen Farben entfalten.
Eine Terrasse aus schwarzem Naturstein dient als Rahmen für die Kiesbereiche. Vor den Opalglasgeländern stehen Töpfe mit geraden und nüchternen Linien, bepflanzt mit verschiedenen Kräutern und Pflanzen, die neben den abgerundeten Formen der Inseln ein interessantes Spiel von geometrischen Formen schaffen.

Prenant comme base la plante de la maison, il s'agit d'un jardin de deux ailes sur la terrasse avec une large vue de la ville. Les éléments qui caractérisent son design sont des îlots avec des plantes en acier Niro, qui semblent littéralement émerger du lit de gravier de basalte déployant ses fleurs aux diverses couleurs tout au long de l'année.
Une terrasse en pierre naturelle noire comme cadre pour les zones de gravier. Face aux rampes en verre opaline, des jardinières en lignes droites et sobres avec diverses herbes et plantes qui, avec les formes arrondies des îlots, créent un intéressant jeu de formes géométriques.

Teniendo como base la planta de la casa, este es un jardín de dos alas en la azotea con una gran vista de la ciudad. Los elementos que caracterizan su diseño son las islas con plantas hechas de acero Niro, que parecen emerger literalmente del lecho de grava de basalto desplegando sus flores en diversos colores durante todo el año.
Una terraza de piedra natural negra sirve como marco para las áreas de grava. Delante de las barandillas de vidrio opalino, unos maceteros de líneas rectas y sobrias con diferentes hierbas y plantas, que junto a las formas redondeadas de las islas crean un interesante juego de formas geométricas.

The climbing plants, with their red tones, add a splash of colour and bring alive a house where neutral tones dominate.

Kletterpflanzen in rötlichen Tönen schenken einem Raum, in dem neutrale Farben vorherrschen, einen Tupfer Farbe und verleihen ihm Lebendigkeit.

Les plantes grimpantes, avec leur ton rougeâtre, ajoutent une touche de couleur et donnent de l'éclat à un espace avec une prédominance de couleurs neutres.

Las plantas trepadoras, con sus tono rojizo, añaden una pincelada de color y dotan de viveza a un espacio con predominio de colores neutros.

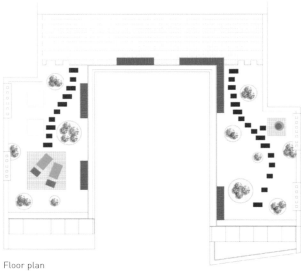

Floor plan

OLIVE TREE COURTYARD

MÉRIDA, SPAIN

Architect Ángel Méndez Arquitectura + Paisaje
Photographer © Ángel Méndez

The central courtyard of this house is transformed into an outer entrance hall. It unites the theatricality and power of the structural elements, able to articulate a space in perfect dialogue with the contemporary architecture. The guidelines for this project were very clear and followed a design based on low maintenance Mediterranean gardens, with the gardens as a backdrop to the architecture, enhancing without overpowering it. A bonsai olive tree was chosen for its sculptural qualities. Admired by everyone who visits the house, it is visible both from outside as well as from the living room.

Im Innenhof dieses Wohnhauses wurde durch die Umwidmung in einen äußeren Zugangsbereich die theatralische Wirkung und Schlagkraft der strukturierenden Elemente angestrebt, die in der Lage sind, einen Raum zu artikulieren, der in perfektem Zwiegespräch mit der modernen Architektur steht. Die Richtlinien für dieses Projekt waren sehr klar und es wurden beide Ziele erreicht: zum einen sollte ein auf mediterrane Gartenkunst mit geringem Pflegebedarf aufbauendes Design entstehen und zum anderen sollte der Garten bezüglich der Architektur eine untergeordnete Rolle spielen, diese sollte betont werden, ohne ihr die Hauptrolle abzusprechen. Dafür wurde ein skulpturenhaft beschnittener Olivenbaum gewählt, der jeden Besucher des Hauses erfreut und sowohl von außen als auch von innen aus dem Wohnbereich zu sehen ist.

Dans le patio central de cette maison, transformé en vestibule extérieur d'accès, on a cherché à créer de la théâtralité et la force des éléments structurels, capables d'articuler un espace en parfaite harmonie avec l'architecture contemporaine. Les directives de ce projet étaient très claires avec une conception basée sur le jardin méditerranéen nécessitant peu d'entretien tel que la conservation d'un deuxième plan en harmonie avec l'architecture qui devait être mise en valeur sans lui ôter son rôle majeur. On a opté pour l'imposante présence d'un olivier taillé en forme de bonsaï qui fait le bonheur de tous les invités de la maison, visible tant de l'extérieur que depuis le salon.

En el patio central de esta vivienda, transformado en vestíbulo exterior de acceso, se buscó la teatralidad y contundencia de los elementos estructurantes, capaces de articular un espacio en perfecto diálogo con la arquitectura contemporánea. Las directrices de este proyecto fueron muy claras y se persiguió tanto un diseño basado en la jardinería mediterránea de bajo mantenimiento, como la permanencia en un segundo plano respecto de la arquitectura, la cual había que ensalzar sin restarle protagonismo. Se optó por la presencia escultórica de un olivo podado en bonsái, que hace las delicias de todo el que visita la casa, visible tanto desde el exterior como desde el salón de la vivienda.

The composition is simple, with some rocks, several boxwood bushes and agapanthus. This simplicity highlights the façade, lined with travertine marble, a stunning backdrop.

Die Komposition ist so einfach, dass sie nur um einige Steine, mehrere Buchsbaumexemplare und Agapanthus ergänzt wurde, wodurch der Hintergrund betont wird, welchen die mit Travertin verkleidete Fassade bildet.

La composition est simple, d'ailleurs elle est uniquement agrémentée de quelques roches, buis et diverses agapanthes, permettant ainsi de distinguer la toile de fond de la façade recouverte de marbre de travertin.

La composición es sencilla hasta el punto de complementarse únicamente con alguna roca, varios ejemplares de boj y diversos agapantos, permitiendo así destacar el telón de fondo que conforma la fachada revestida de mármol travertino.

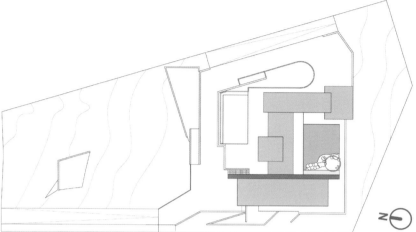

Floor plan

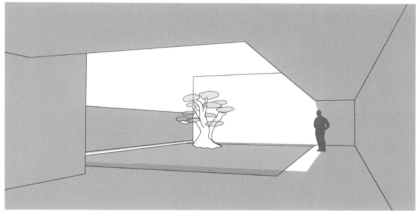

Axonometric

DUMAS

CIUDAD DE MÉXICO, MÉXICO

Landscaper **Hábitas**
Photographer © **Kika Sierra**

The design for this beautiful apartment building called for elegance, balance and low maintenance. The entrance includes a green area –divided into three to create space to walk through the terrace– where *asparagus officinalis* emerges from between the stones and is surrounded by lavender to fragrance the area. Some *Euphorbia cotinifolia* bushes break up the overall green. For the roof terrace, calculations were made to ensure it could withstand the weight of the large planters required for the ornamental trees.

Für den Entwurf der Gärten dieses schönen Wohnhauses waren Eleganz, Ausgewogenheit und geringe Pflegeansprüche erbeten. Der Eingang verfügt über einen grünen Bereich – der in drei Teile untergliedert wurde, um den Passanten den Zugang zu erleichtern – wo sich scheinbar aus den Steinen *Asparagus officinalis* erhebt, umgeben von Lavendel, der im Vorbeigehen duftet. Einige Exemplare *Euphorbia cotinifolia* brechen mit dem übermächtigen Grün der Umgebung. Die Dachterrasse wurde eigens so berechnet, dass auch große Kästen, in denen sogar Bäume gepflanzt werden, darauf aufgestellt werden können.

Pour la conception des jardins de ce beau bâtiment d'habitations, il a fallu de l'élégance, de l'équilibre et peu d'entretien. L'entrée a un espace vert, divisée en trois parties afin de faciliter son accès au passage, d'où semble émerger des pierres l'*asparagus officinalis* entourée de lavande pour aromatiser l'allée. Des *Euphorbia cotinifolia* cassent le vert dominant du cadre. Pour la terrasse, on a effectué des calculs pertinents pour qu'il puisse supporter de grandes jardinières où il est possible de planter des arbres.

Para el diseño de los jardines de este hermoso edificio de apartamentos se pidió elegancia, equilibrio y bajo mantenimiento. La entrada cuenta con un área verde –dividida en tres con el objetivo de facilitar su acceso al transeúnte– de donde parece emerger entre las lajas de piedra el *Asparagus officinalis* que se ha rodeado de lavanda para aromatizar el paso. Unos ejemplares de *Euphorbia cotinifolia*, sangre libanesa, rompen con el verde imperante en el entorno. Para la azotea se realizaron los cálculos pertinentes para que pudiera soportar la colocación de grandes maceteros donde poder plantar árboles.

On the rooftop, a dynamic combination of steel and concrete planters contain Japanese guava and loquat trees and plants such as clove, sedum and iris, among others.

Auf der Dachterrasse finden sich in einer dynamischen Komposition aus Blumenkästen aus Stahl und aus Zement Exemplare von japanischer Guajava und Kumquat sowie unter anderem Pflanzen wie Gewürznelke, Mauerpfeffer oder Iris.

La terrasse présente une composition dynamique de jardinières en acier et en ciment contenant des goyaviers japonais et néfliers, ainsi que des plantes telles que le clou de girofle, le sedum ou encore l'iris, parmi tant d'autres.

En la azotea, una dinámica composición de jardineras de acero y cemento contiene ejemplares de guayabo japonés y níspero y plantas como el clavo, el sedum o el iris entre otras.

The pond, made from a steel plate, acts as an aquatic ecosystem. It has a circuit to create a small waterfall and in addition to aquatic oxygenating plants, it also has fish including koi, mollies and guppies.

Bei dem aus Stahlblech gefertigten kleinen Teich handelt es sich um ein Wasserökosystem mit Rückzirkulation zur Unterhaltung einer kleinen Kaskade. In dem Becken leben neben für Sauerstoff sorgenden Wasserpflanzen auch Kois, Mollys und Guppys.

L'étang, conçu en plaque d'acier, est un écosystème aquatique avec un système de recirculation pour créer une petite cascade qui, en plus de plantes aquatiques et d'oxygénateurs, contient des poissons koi, mollies et guppys.

El estanque, hecho de placa de acero, se trata de un ecosistema acuático con una recirculación para generar una pequeña cascada, que además de plantas acuáticas y oxigenadoras contiene peces koi, mollies y guppys.

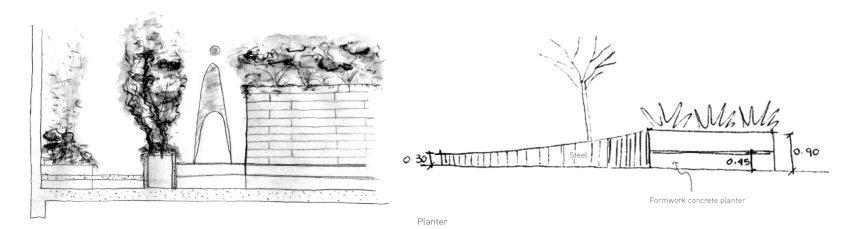

Sketch

Planter

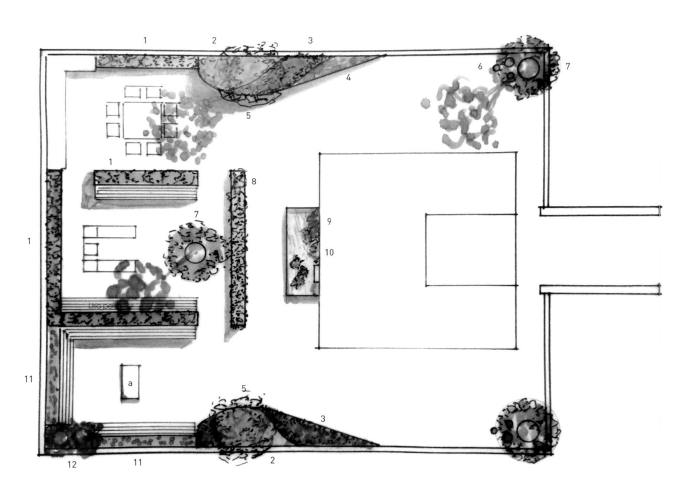

Roof sketch

1. Persian lily
2. *Pittosporum dwarf*
3. Green liriope
4. *Sedum mexicanum*
5. Japanese guava
6. Mexican bush sage
7. Medlar

8. Asparagus
9. Taro
10. Water lily
11. Horsetail
12. Cherry plum

a. Fire pit

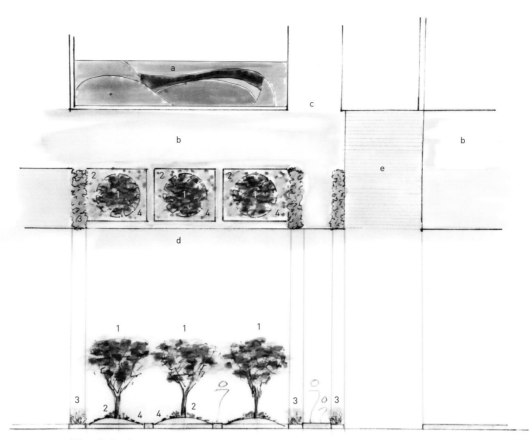

Sidewalk sketch

a. Green roof over
   basement
b. Sidewalk
c. Access
d. Street
e. Down to parking

1. Caribbean
   copper
2. Asparagus
3. Lavender
4. Stone slabs

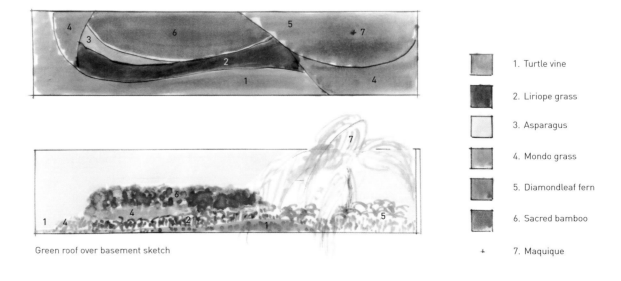

Green roof over basement sketch

1. Turtle vine

2. Liriope grass

3. Asparagus

4. Mondo grass

5. Diamondleaf fern

6. Sacred bamboo

7. Maquique

COLOURS OF SEVILLE

SEVILLA, SPAIN

Landscaper Xeriland
Photographer © Mónica Magister

This renovation project developed from the client's wish to turn a classic Seville courtyard into something more modern and colourful, using water to create a feeling of freshness in the hot summer months.
The design opts for a break with the old symmetry and instead plays with movement: the Ipe wood floor slats laid in different directions, separated by strips of white gravel and vegetation at different heights in terracotta and concrete raised planters. The trickle of water from the fountain creates a relaxing atmosphere, complemented by the addition of a shower in the corner.

Dieses Projekt ging von der Prämisse des Auftraggebers aus, einen klassischen Patio Sevillas in einen moderneren und farbenfroheren Innenhof mit Wasser umzuwandeln, das während der heißen Sommermonate für Frische sorgt.
Der Entwurf bricht dazu mit der früheren Symmetrie und spielt mit der Bewegung: Die Bodenlamellen aus Ipé-Holz werden in verschiedenen Richtungen verlegt und durch Streifen mit weißen Kies unterbrochen und die Pflanzen in Tontöpfen und gemauerten Kästen sind unterschiedlich hoch. Das Plätschern des in das Becken fallenden Wassers schafft eine entspannende Atmosphäre, die durch die Anbringung einer Dusche in einer Ecke ergänzt wird.

Ce projet de travaux a été abordé à partir des prémisses du client de transformer un patio sévillan classique en un plus moderne et coloré, avec de l'eau pour se rafraîchir pendant les mois chauds d'été.
La conception a été élaborée en cassant l'ancienne symétrie et en jouant avec le mouvement : on a placé des lames de bois d'ipé au sol dans diverses directions séparées par des lignes de gravier blanc et de la végétation de différentes hauteurs entre des jardinières en béton et argile. Le murmure de l'eau tombant dans le bassin offre une ambiance relaxante, complété par une douche dans un coin.

Este proyecto de reforma se abordó partiendo de las premisas del cliente de transformar un clásico patio sevillano en uno más moderno y colorido y con presencia de agua para refrescarse durante los calurosos meses de verano.
El diseño se resuelve rompiendo la simetría antigua y jugando con el movimiento: se colocan las lamas de madera de ipé del suelo en diferentes direcciones separadas por franjas de grava blanca y la vegetación a diferentes alturas entre maceteros de obra y de barro. El susurro del agua cayendo en el pilón crea una atmosfera relajante, que se complementa con la colocación de una ducha en un rincón.

A splash of colour is brought into the design by a wide range of tones, from fuchsia to the oranges on the furniture.

Für die farbige Note sorgt eine breite Palette an gewählten Tönen, von Fuchsia bis zu den Orangetönen des Mobiliars.

La note de couleur apporte la combinaison d'une vaste gamme de tons du mobilier, qui va du fuchsia aux orangés.

La nota de color la aporta la combinación de una amplia gama de tonalidades del mobiliario, que va desde el fucsia a los anaranjados.

The same types of plants are used as those present in the original courtyard, with the addition of bamboo pots.

Die verwendeten Pflanzenarten waren bereits in dem ursprünglichen Patio vorhanden und wurden nur um einige Bambustöpfe ergänzt.

Les espèces de plantes utilisées sont celles du patio d'origine, complétées par des jardinières de bambou.

Las especies de plantas que se utilizaron fueron las existentes en el patio original, complementadas por macetones de bambú.

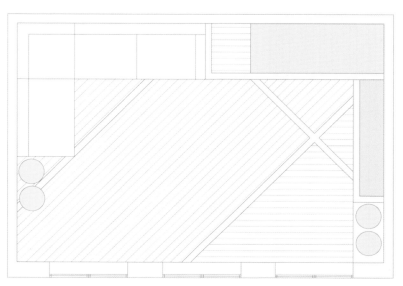

Floor plan

Elevation

NORTH COOGEE COURTYARD

PERTH, WESTERN AUSTRALIA, AUSTRALIA

Landscaper Cultivart – Janine Mendel
Photographer © Peta North

This house has different garden areas, each one with a specific style: a small front garden that serves simply as access, with no grass and a more contemporary beach feel, a small Zen-style atrium, next to the kitchen, and lastly, a central courtyard that is the heart of the home. Visible from all the rooms on the ground floor, it gives a pleasant view and acts as a leisure area. There is a living area, dining area and barbecue. The lush vegetation and the sound of the water add a pleasantly relaxing feel in the middle of nature.

Diese Wohnstätte hat verschiedene begrünte Bereiche, jeweils mit einem definierten Stil. Der kleine Vorgarten ohne Rasen, der nur als Zugang fungiert und einen zeitgenössischen Look mit Strandcharakter bewahrt. Ein kleines Atrium neben der Küche im Zen-Stil. Schließlich ein zentraler Innenhof, der das Herz der Wohnstätte bildet. Von allen Wohnbereichen des Erdgeschosses aus sichtbar, bietet er eine angenehme Aussicht und ist gleichzeitig ein Bereich der Entspannung mit Wohnbereich, Esszimmer und Grill. Die üppige Vegetation und der Klang des Wassers vermitteln ein angenehmes Gefühl der Entspannung inmitten der Natur.

Cette maison offre diverses zones de jardin, chacune avec son style : un petit jardin devant qui sert uniquement d'accès, sans gazon et conserve un air de plage et contemporain et une petite cour, à proximité de la cuisine, dans un style zen. Enfin, un patio central qui est le cœur de la maison. Visible depuis toutes les pièces du rez-de-chaussée, il offre une vue agréable. Il sert aussi d'espace de loisir avec un séjour, une salle à manger et un barbecue. La luxuriante végétation, ainsi que le bruit de l'eau offrent une sensation agréable de détente au cœur de la nature.

Esta vivienda cuenta con diferentes zonas ajardinadas, cada una de ellas con un estilo definido: un pequeño jardín delantero que al tener una función meramente de acceso no tiene césped y conserva un aire playero y contemporáneo; un pequeño atrio, junto a la cocina, de estilo zen; por último, un patio central que es el corazón de la vivienda. Visible desde todas las estancias de la planta baja, proporciona una agradable vista a la vez que es zona de ocio: hay una parte de zona de estar, comedor y barbacoa. La exuberante vegetación así como el sonido del agua provocan una agradable sensación de relax en medio de la naturaleza.

The glazing on all the areas surrounding the courtyard means the house can be opened up, creating a fusion between outdoor and indoor space.

Die Verglasung aller den Innenhof umgebenden Wohnbereiche ermöglicht beim Öffnen ein Verschmelzen von Innen- und Außenraum.

Les baies vitrées de toutes les pièces entourant le patio offrent une fusion entre l'espace extérieur et l'intérieur.

Los cerramientos acristalados de todas las estancias que rodean el patio permiten al abrirse una fusión entre el espacio interior y exterior.

The contrasting textures of the different materials as well as the lush vegetation create a space that is full of life.

Die kontrastierenden Texturen der verschiedenen verwendeten Materialien sowie die Fülle an Vegetation schaffen einen Raum voller Leben.

Le contraste des textures des divers matériaux utilisés, ainsi que le foisonnement de la végétation créent un espace rempli de vie.

El contraste de texturas de los diferentes materiales empleados así como la riqueza de la vegetación crean un espacio lleno de vida.

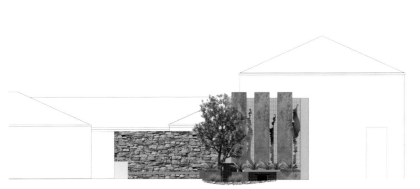

Sketch elevation looking to neighbours

Front elevation

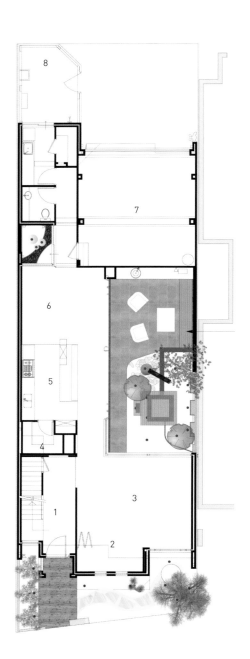

Underplanting

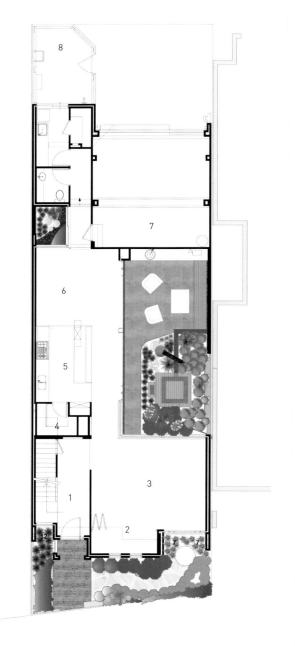

Tree Layout

1. Entry
2. Study nook
3. Living room
4. Scullery
5. Kitchen
6. Dining room
7. Garage
8. Drying courtyard

The wooden decking, ideal for relaxing, creates an interesting colour contrast with the stone of the walls and paving while adding a touch of warmth.

Die Holzplattform ist ideal zum Entspannen und schafft einen interessanten Farbkontrast zu dem Stein in Wänden und Pflasterung. Gleichzeitig sorgt sie für eine warme Atmosphäre.

La plateforme en bois, idéale pour se détendre, crée un intéressant contraste chromatique avec les murs revêtus de pierres et le revêtement qui apporte aussi de la chaleur au cadre.

La plataforma de madera, ideal para relajarse, crea un interesante contraste cromático con la piedra presente en paredes y pavimento a la vez que aporta calidez al entorno.

FLATIRON TERRACE

NEW YORK CITY, NEW YORK, UNITED STATES

Architect **Andrew Wilkinson – Architect PLLC**
Landscaper **Holly, Wood + Vine** Structural Engineer **Murray Engineering**
Photographer © **Garrett Rowland**

On the eleventh floor, this terrace is characterised by the use of a limited range of materials, Ipe wood for the furniture and concrete for the paving. The usefulness and comfort of this area is accentuated by the trellis, benches and landscaped elements as well as the fully equipped kitchen, open-air shower and the water misting system ideal for the hot summer months. As this is to be a leisure area, there is a fully equipped audio visual system and even a wall to project films and televised events. Thanks to the close collaboration between architects and landscapers, the result is an exceptional project.

Im elften Stock gelegen, zeichnet sich diese Terrasse durch den Einsatz einer einfachen Materialpalette, Ipé-Holz und Beton für die Einrichtung und Pflasterungsstrukturen aus. Bänke, Spaliere und Elemente der Gartengestaltung sowie eine vollausgestattete Küche, die Außendusche und das Luftbefeuchtungssystem für die warmen Sommermonate betonten die Nützlichkeit und den Komfort dieses Raumes. Als Freizeitbereich konzipiert, gibt es ein komplettes audiovisuelles System und sogar eine Wand, auf der Filme und Fernsehveranstaltungen projizieren werden können. Dank der engen Zusammenarbeit zwischen Architekten und Gartengestaltern ist das Ergebnis dieses Projektes großartig.

Située au onzième étage, cette terrasse se caractérise par l'utilisation d'une palette simple de matériaux, le bois d'ipé et le ciment pour le mobilier et des structures de revêtement. L'utilité et le confort de cet espace sont accentués par les bancs, treillis et éléments de son aménagement paysager, ainsi que la cuisine équipée, la douche en plein air et le système d'humidification du cadre idéal pour les mois chauds d'été. Pensé pour être un espace de loisir, il y a également un système audiovisuel complet et un mur où il est possible de projeter des films et événements de télévision. Grâce à l'étroite collaboration des architectes et des paysagistes, le résultat de ce projet est parfait.

Ubicada en un undécimo piso, esta terraza se caracteriza por el empleo de una paleta simple de materiales, la madera de ipé y el cemento, para el mobiliario, estructuras y pavimento. La utilidad y comodidad de este espacio se ve acentuada por los bancos, enrejados y elementos de su paisajismo, así como la cocina completa, ducha al aire libre, y el sistema de humidificación del ambiente ideal para los cálidos meses de verano. Pensando en ser zona de ocio, hay un completo sistema audiovisual e incluso una pared en la que proyectar películas y eventos de televisión. Gracias a la estrecha colaboración de los arquitectos y los paisajistas el resultado de este proyecto es inmejorable.

The carefully designed lighting system, as well as making this a usable space in the evenings, draws attention to the structure and plants, creating an intimate, magical space.

Das sorgfältig konzipierte Beleuchtungssystem sorgt nicht nur dafür, dass die Bewohner diesen Raum abends und nachts genießen können, sondern unterstreicht gleichzeitig dessen Aufbau und Vegetation, während es ein vertrautes und magisches Szenario schafft.

Le système d'éclairage soigneusement élaboré, en plus de profiter d'un espace pendant la soirée, réhausse sa structure et sa végétation tout en créant un espace intime rempli de magie.

El sistema de iluminación, cuidadosamente diseñado, además de permitir disfrutar de este espacio durante la noche, realza sus estructura y su vegetación y crea un escenario íntimo y lleno de magia.

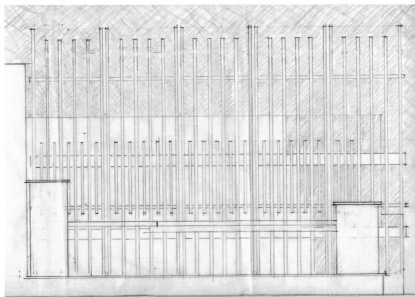

Elevation

Glass railings at just under two metres high create a sense of security and protection from the wind, but without losing the magnificent views of the horizon.

Ein knapp zwei Meter hohes Glasgeländer schafft ein Gefühl von Sicherheit und schützt vor Wind; Dies jedoch ohne den Bewohnern des ausgezeichneten Blicks auf den Horizont zu berauben.

Une rambarde en verre d'un peu moins de deux mètres de hauteur crée une sensation de sécurité et protège du vent, sans pour autant priver les occupants des vues magnifiques de l'horizon.

Una barandilla de vidrio de poco menos de dos metros de altura crea una sensación de seguridad y protege del viento, pero sin privarnos de magníficas vistas del horizonte.

A RELAXING RETREAT

ARANJUEZ, MADRID, SPAIN

Landscaper La Paisajista – Jardines con alma
Photographer © Monique Briones

This garden has a unique style, mixing Asian and tropical trends with low maintenance. Designed for a couple without children who want to use it in the evenings and at the weekends, the design creates different relaxation and leisure options in each corner. A real oasis to awaken the senses, it includes careful design of structures and materials as well as a carefully chosen selection of plants to catch the eye. There are different fragrances and flowers and aromatic herbs, the sounds of water, soft materials and even fruit trees like the plum tree and strawberry plants.

Dieser Garten hat einen einzigartigen Stil, der bei minimalem Pflegeaufwand asiatische und tropische Trends vereint. Für ein kinderlose Paar gedacht, das ihn nur abends und am Wochenende genießen kann, ist der Entwurf so konzipiert, dass es in jeder Ecke verschiedene Möglichkeiten zur Entspannung und Erholung gibt. Ein wahre Oase, die alle Sinne weckt, da sie sorgfältig gestaltete Strukturen und Materialien aufweist. Zudem wurden die Pflanzen sorgfältig ausgewählt, um das Auge zu erfreuen. Dies gelingt mit den verschiedenen Düften der unterschiedlichen Blumen und Kräuter, dem Klang des Wassers, der Glattheit der Materialien und sogar Obstpflanzen wie dem Pflaumenbaum und dem Teppich aus Erdbeeren.

Ce jardin au style unique, mélange des tendances asiatiques et tropicales, avec un minimum d'entretien. Pensée pour un couple sans enfant et dont il est possible de profiter uniquement le soir et pendant les week-ends, la conception a été élaborée de telle sorte que chaque recoin offre une option de détente et de loisir. Une véritable oasis qui réveillent tous les sens, car elle offre une conception soignée de structures et de matériaux, en plus d'un choix minutieux de plantes qui enchantent la vue, avec divers arômes de différentes fleurs et des herbes aromatiques, le bruit de l'eau, la douceur des matériaux et les arbres fruitiers tels que le prunier et le parterre de fraises.

Este jardín posee un estilo único, que mezcla tendencias asiáticas y tropicales pero con un mínimo mantenimiento. Pensado para una pareja sin hijos y que tan solo puede disfrutarlo por la noche y durante los fines de semana, el diseño está elaborado de forma que en cada rincón haya distintas opciones de relax y ocio. Un verdadero oasis que despierta todos los sentidos, ya que cuenta con un cuidado diseño de estructuras y de materiales además de una esmerada elección de plantas para deleitarnos la vista, con diversos aromas de distintas flores e hierbas aromáticas, el sonido del agua, la suavidad de los materiales e incluso plantas frutales como es el caso del ciruelo y del tapiz con fresas.

The pergola is designed to frame a shade canopy made from sailcloth and provides shade on the hottest days and shelter in the evening. The two ponds add a touch of personality to the space, where you can enjoy the colour and movement of the fish.

Die Pergola, die konzipiert wurde, um eine Markise aus Segeltuch einzurahmen, sorgt dafür, dass die Bewohner an heißen Sommertagen Schatten genießen und bietet ihnen abends Schutz. Die beiden Teiche verleihen dem Ort Persönlichkeit und lassen die Bewohner die Bewegung und Farbigkeit der Fische genießen.

La pergola, conçue pour accueillir une voile d'ombrage nautique, offre de l'ombre les jours les plus chauds de l'été et un refuge pour la nuit. Les deux étangs ajoutent de la personnalité à l'espace et permettent de profiter des poissons aux diverses couleurs, en mouvement.

La pérgola, diseñada para enmarcar un toldo de vela náutica, permite tener sombra en los días más calurosos del verano y dar cobijo por la noche. Los dos estanques añaden personalidad al espacio y permiten disfrutar del movimiento y colorido de los peces.

Floor plan

In a special corner, we find an *ofuro*, or Japanese bath, made from red cedarwood that gives off a soft aroma, both relaxing and therapeutic.

In einer besonderen Ecke finden wir ein *Ofuro*, ein japanisches Bad, das aus rosafarbenem Zedernholz gefertigt ist und einen zarten und entspannenden Duft verströmt, der zudem therapeutisch wirkt.

Dans un coin spécial, se trouve un *ofuro*, un bain japonais en bois de cèdre rose qui diffuse un doux arôme relaxant en plus d'être thérapeutique.

En un rincón especial encontramos un *ofuro*, un baño japonés, elaborado con madera de cedro rosa que desprende un suave aroma relajante además de ser terapéutico.

HOUSE IN NISHIMIKUNI

OSAKA CITY, JAPAN

Architect **arbol**
Landscaper **Toshiya Ogino Landscape design**
Photographer © **Yasunori Shimomura**

When this project began, there were two fundamental aspects to consider: the importance of privacy and how to use the outdoor space. Designed for a retired couple, this house proposes a different style for each floor, reducing the number of separate areas and instead creating wide open spaces, avoiding superfluous elements in favour of maximising the light. There was a worry about how much passers-by could see into the house and how much could be seen of the outside from inside the house, finally the decision was made to surround the house by a wall to protect privacy.

Zu Beginn dieses Projektes gab es zwei grundlegende Aspekte, die angesprochen wurden: Die Bedeutung der Privatsphäre und wie der Außenbereich zu nutzen sei. Diese für ein Rentnerpaar entworfene Wohnstätte benennt einen neuen Stil für ein eingeschossiges Haus, der die Zahl der Räume senkt, um großzügigen Räumen Bedeutung zu verleihen, und vermeidet überflüssige Elemente zugunsten der Ausnutzung des Lichtes. Es gab Besorgnis darüber, was von außen einsehbar sein würde und was man von innen sehen konnte, kurzum ging es darum, die Privatsphäre zu bewahren, was dadurch gelöst wurde, dass das Haus von einer Mauer umgeben ist.

Au début de ce projet, il y avait deux aspects fondamentaux à aborder : l'importance de l'intimité et la manière d'utiliser l'espace extérieur. Cette maison, conçue pour un couple de retraités, propose un nouveau style de maison de plain pied, qui réduit le nombre de pièces afin de valoriser les grands espaces tout en évitant les éléments superflus au profit de la lumière. La principale préoccupation était la possibilité de voir depuis l'extérieur à l'intérieur de la maison et ce qu'il se voyait depuis l'intérieur. En définitive, l'intimité a été préservée en construisant un mur autour de la maison.

Al inicio de este proyecto había dos aspectos fundamentales que abordar: la importancia de la privacidad y como utilizar el espacio exterior. Esta vivienda, diseñada para una pareja de jubilados, propone un nuevo estilo de casa de una planta, que reduce el número de estancias para dar valor a los espacios amplios, evitando los elementos superfluos a favor del aprovechamiento de la luz. Había una preocupación por lo que se podía ver desde fuera de la casa y lo que se veía desde dentro, en definitiva, por preservar la privacidad, que se ha resuelto rodeando la casa con un muro.

An S-shaped garden was created around the house so that the garden can be enjoyed from any point, creating the illusion of walking through a forest.

Die Gestalter ließen einen durch das Haus verlaufenden Garten in S-Form anlegen, der sich von jedem Ort des Hauses genießen lässt und die Illusion schafft, einen Spaziergang durch den Wald zu machen.

Un jardin en forme de S a été créé à travers la maison de mode que l'on peut admirer de n'importe quel endroit de la maison créant ainsi l'illusion de se promener dans une forêt.

Se ha creado un jardín en forma de S a través de la casa de modo que se puede disfrutar de este desde cualquier lugar, creándose la ilusión de estar paseando por un bosque.

The extensive use of cedarwood, with small touches of green, both inside and outside, accentuates the sense of space and openness and gives a feeling of being surrounded by nature.

Der umfangreiche Einsatz von Zedernholz mit kleinen Tupfern Grün sowohl innen als auch außen betont das Gefühl von Weite, Raumöffnung und den Eindruck, mitten in der Natur zu sein.

L'utilisation intensive du bois de cèdre, avec de petites touches de vert, tant à l'intérieur qu'à l'extérieur, accentue la sensation de grandeur et d'ouverture de l'espace, ainsi que d'être au milieu de la nature.

El uso extensivo de la madera de cedro, con pequeñas pinceladas de verde, tanto en el interior como en el exterior, acentúan la sensación de amplitud y apertura del espacio así como de estar en medio de la naturaleza.

Thanks to the configuration of these spaces, it is possible to appreciate the beautiful colour contrast between the green of the indoor plants and the blue sky.

Durch die Anordnung der Räume nehmen die Bewohner einen wunderschönen Farbkontrast zwischen dem Grün der Pflanzen im Inneren und dem Blau des Himmels wahr.

L'aménagement des espaces permet d'apprécier le joli contraste de couleur entre le vert des plantes de l'intérieur et le bleu du ciel.

Gracias a la configuración de los espacios se puede apreciar un hermoso contraste de color entre el verde de las plantas del interior y el azul del cielo.

South elevation

East elevation

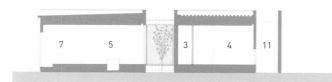

Section A

Section B

Floor plan

1. Parking
2. Entrance
3. Storage
4. Bedroom
5. Living /
   Dining
6. Tatami
7. Kitchen
8. Toilet
9. Lavatory
10. Bathroom
11. Garden

ST. JOHN'S WOOD GARDEN

ST. JOHN'S WOOD, UNITED KINGDOM

Landscaper Roberto Silva Landscape and Garden Design
Photographer © Roberto Silva

This garden was redesigned to adapt it to the changing needs of the new owners. It is laid out on two levels: one nearer to the house, paved with white stone and designed for the client to entertain friends and customers during the season. The second area, with a lawn, has bushes and trees and is designed as two different areas divided by an arch. In the first part, a path with a seat at the end creates a space for private chats as clients enjoy the view. In the second area, an old bird house has been kept in the same place and acts as a focal point in this area, where a sweet-smelling honeysuckle blooms.

Dieser Garten wurde umgestaltet, um an die neuen Bedürfnisse der Eigentümer angepasst zu werden. Er ist auf zwei Ebenen angelegt: einer näher am Haus gelegenen mit weißem Steinboden, die dafür entworfen wurde, dass der Auftraggeber sich mit Freunden und Geschäftspartnern hier aufhalten kann. Die zweite Ebene mit Rasen, Büschen und Bäumen wurde in zwei unterschiedlichen Räumen angelegt, die durch einen Bogen getrennt sind. Im ersten Teil schafft ein Weg mit einer kleinen Sitzgelegenheit am Ende einen Raum für private Gespräche, der gleichzeitig einen wunderbaren Ausblick bietet. Im zweiten Teil wurde ein altes Vogelhäuschen an seiner ursprünglichen Stelle als Hingucker in dem üppig mit Geißblatt bewachsenen Bereich erhalten.

Ce jardin a été réaménagé pour répondre aux nouveaux besoins des propriétaires. Il comprend deux niveaux : un plus proche de la maison, dallé avec des pierres blanches, conçu pour que le client puisse distraire ses amis et clients pendant la saison. Le deuxième niveau, avec de la pelouse, des arbustes et des arbres, est conçu comme deux pièces différentes, séparées par un arc. Dans la première partie, une allée avec une petite assise à l'extrémité créant un espace pour des discussions privées pendant que les clients profitent de la vue. Dans la deuxième partie, une ancienne maisonnette d'oiseaux a été conservée au même endroit servant de point central dans cette zone où pousse le chèvrefeuille aromatique.

Este jardín fue rediseñado para adaptarse a las nuevas necesidades de los propietarios. Está establecido en dos niveles: uno más cercano a la casa, pavimentado con piedra blanca, diseñado para el cliente para entretener a amigos y clientes durante la temporada. El segundo nivel, con césped, arbustos y árboles, está diseñado como dos estancias diferentes, divididas por un arco. En la primera parte, un camino con un pequeño asiento al final crea un espacio para charlas privadas mientras los clientes pueden disfrutar de la la vista. En la segunda, una vieja casita de pájaros se ha mantenido en el mismo lugar y como un punto focal en esa área donde crece la aromática madreselva.

On the first level, a large empty space has been left for a ping pong table on the left and on the right a glass table is used for outdoor dining during the warmer months.

Auf der ersten Ebene wurde ein großer leerer Raum freigehalten, um links eine Tischtennisplatte und rechts einen Glastisch aufstellen zu können, an dem in den warmen Monaten die Mahlzeiten eingenommen werden.

Au premier niveau, on a laissé un espace important et vide pour une table de ping-pong à gauche et à droite une table en verre pour manger à l'extérieur pendant les mois les plus chauds.

En el primer nivel se dejó un espacio grande y vacío para una mesa de ping-pong a la izquierda y a la derecha una mesa de cristal se utiliza para comer durante los meses más cálidos.

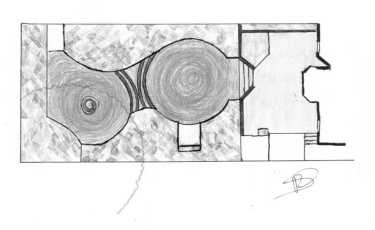

Floor plan

NOE VALLEY II

SAN FRANCISCO, CALIFORNIA, UNITED STATES

Architect Feldman architecture
Landscaper Arterra Landscape Architects
Photographer © Paul Dyer

The renovation of this house uses a design that combines large open-air areas with private, personalised interiors. This perfect connection between home, sky and earth was a collaborative effort. It creates a unique view from all the terraces on different levels. On the lower level a fire pit and a hydro hot tub are the focal point of the garden. Uniformity in the use of materials softens the verticality of the building and increases its integration with the surrounding environment.

Die Umgestaltung dieses Hauses setzt auf einen Entwurf, der großzügige Außenbereiche mit privaten und persönlich gestalteten Innenbereichen kombiniert. Die perfekte Verbindung mit dem Haus, mit Himmel und Erde, war eine gemeinsame Bemühung, einen einzigartigen Blick von allen Terrassen der verschiedenen Ebenen aus zu erreichen. Auf der untersten Ebene lenken ein Feuer und eine Hydromassage-Badewanne das Augenmerk auf den Garten. Der einheitliche Einsatz von Materialien mildert den senkrechten Charakter des Gebäudes und kommt dessen Einbindung in die Umgebung zugute.

La rénovation de cette maison repose sur une conception qui combine de vastes cadres en plein air avec des intérieurs privés et personnalisés. La parfaite connexion avec l'habitation, le ciel et la terre a demandé un effort de collaboration. Obtenir une vue imprenable depuis toutes les terrasses des différents niveaux. Au niveau le plus bas, un feu de camp et un jacuzzi sont au cœur de l'attention du jardin. L'utilisation uniforme des matériaux adoucit la verticalité de l'édifice et favorise son intégration dans le cadre.

La remodelación de esta casa cuenta con un diseño que combina ambientes amplios al aire libre con interiores privados y personalizados. La conexión perfecta con el hogar, el cielo y la tierra fue un esfuerzo de colaboración. Conseguir una vista única desde todas las terrazas de los distintos niveles. En el nivel más bajo un pozo de fuego y una bañera de hidromasaje focalizan la atención del jardín. La uniformidad en el empleo de materiales suaviza la verticalidad del edificio y propicia su integración con elentorno.

A series of decks cascading into the yard offers an outdoor living area at each level and easy access to the patio and garden below.

Eine Reihe von kaskadierenden Decks bietet einen Wohnbereich im Freien auf jeder Ebene und einen einfachen Zugang zu Innenhof und Garten unterhalb.

Une série de toitures en cascade offre un séjour en plein air à chaque niveau avec un accès facile au patio et au jardin inférieur.

Una serie se cubiertas en cascada ofrece una sala de estar al aire libre en cada nivel y un fácil acceso al patio y jardín de abajo.

The shipping container has a double function, acting as both an architectural surface and a green area.

Der Seefrachtcontainer hat eine Doppelfunktion: Als architektonische Fläche und als Begrünung.

Le conteneur d'expédition a une double fonction : surface architectonique et revêtement vert.

El contenedor de envío tiene una doble función, como superficie arquitectónica y como cubierta verde.

WALLED GARDEN

HIGHGATE, LONDON, UNITED KINGDOM

Landscaper **Peter Reader Landscapes**
Photographer © **Peter Reader**

Following the renovation, the garden of this Georgian house was divided into three areas, two of which correspond to the views of the garden from the house. The first area, with a gravel surface, includes two spectacular *Amelanchier lamarckii* in different sizes and a bench facing the house. The second area is on a higher level, with a pond and rectangular flower beds turn this into the heart of the garden. The third, with a succession of flowers and fruit trees is an ideal spot to relax and enjoy the evergreen plants in the garden and around the pond.

Nach der Erneuerung wurde der Garten dieses Hauses im georgischen Stil in drei Bereiche aufgeteilt, von denen zwei direkt dem Ausblick vom Haus auf den Garten entsprechen. Der erste Bereich ist ausgestattet mit einer Kiesfläche, zwei *Amelanchier lamarckii* mit einigen Stämmen und großartiger Präsenz sowie einer Bank, damit sich die Bewohner auf die Seite dem Haus gegenüber setzen können. Der zweite Bereich ist etwas erhöht, dort befindet sich ein Teich. Rechteckige Blumenbeete bilden das Herz des Gartens. Der dritte Bereich mit einer Abfolge von Blumen und Obstbäumen ist ideal, um zu entspannen und die wilde Fauna des Gartens und des Teichs zu bewundern.

Après la rénovation, le jardin de cette résidence au style géorgien a été divisé en trois espaces, dont deux correspondent aux vues du jardin depuis la maison. Le premier espace, recouvert de gravillon, de deux *Amélanchiers lamarckii* à plusieurs tiges, à la présence spectaculaire, et un banc pour s'asseoir du côté opposé à la maison. Le deuxième espace, à un niveau plus élevé, avec un étang et des parterres rectangulaires de fleurs, devient le cœur du jardin. Le troisième espace, avec une succession de fleurs et d'arbres fruitiers est idéal pour se détendre et favoriser la faune sylvestre du jardin et l'étang.

Tras su renovación, el jardín de esta vivienda de estilo georgiano ha quedado dividido en tres zonas, dos de las cuales corresponden directamente a las vistas del jardín desde la casa. La primera área, con superficie de gravilla, dos *Amelanchier lamarckii* de varios tallos, de presencia espectacular y un banco para sentarse en el lado opuesto a la casa. La segunda zona, está un nivel más elevado; con un estanque y parterres rectangulares de flores deviene el corazón del jardín. La tercera, con una sucesión de flores y frutales es ideal para relajarse y para estimular la fauna silvestre del jardín y el estanque.

Although each of the areas of the garden has its own identity, the use of materials and plants ensures that they create a perfect fusion.

Obgleich jeder Gartenbereich seine eigene Identität hat, gehen die Bereiche durch den Einsatz von Material und Vegetation nahtlos ineinander über.

Même si chaque espace du jardin a sa propre identité, ils fusionnent parfaitement les uns avec les autres grâce à l'utilisation des matériaux et de la végétation.

A pesar de que cada una de las áreas del jardín tiene su propia identidad, se fusionan perfectamente la una en la otra a través del uso de materiales y vegetación.

The new design invites you to venture out and explore the garden along its paths, levels and focal points that pique the interest.

Die neue Gartengestaltung lädt ein, dessen Pfade, Ebenen und Blickpunkte zu erkunden, die unser Interesse wecken.

La nouvelle conception invite à sortir et à explorer le jardin par ses allées, niveaux et centres d'intérêt pour ainsi éveiller notre intérêt.

El nuevo diseño invita a a salir y explorar el jardín a través de su caminos, niveles y puntos focales que despiertan nuestro interés.

The formal landscaping in this area is softened by the lush plants in the flower beds, a mix of boxwood trimmed into spheres, rosemary, herbs and evergreen plants that can be enjoyed all year round.

Die Förmlichkeit der Landschaft in diesem Bereich wird durch die üppige Vegetation der Blumenbeete gemildert, eine Mischung aus kugelig beschnittenen Buchsbäumen, Rosmarin, Kräutern und immergrünen Pflanzen, die das ganze Jahr über die Aufmerksamkeit der Bewohner auf sich lenkt.

La rigueur du paysage dans cet espace s'atténue avec la végétation luxuriante des parterres, un mélange de sphères de buis, romarin, herbes et plantes à feuillages persistants qui focaliseront notre attention tout au long de l'année.

La formalidad del paisaje en esta área se suaviza con la exuberancia de la vegetación de los parterres, una mezcla de esferas de boj, romero, hierbas y plantas perennes que mantendrán nuestra atención durante todo el año.

Floor plan

1. Mixed shade tolerant ferns and perennials
2. Buxus cubes
3. Wooden sitting bench
4. Square trellis x 2 with *Hedera*
5. Large cherry tree
6. Oak beam retaining wall for cherry roots
7. Square trellis with *Hydrangea petiolaris*
8. Multi-stemmed *Amelanchier lamarkii* x 2
9. Square trellis with *Trachelosperum jasminoides*
10. Idol water feature. Box planting surrounding

11. CEDEC® surface with cobblestone detail edging
12. Paved patio
13. Low box hedge
14. Lawn
15. Flower bed: *Buxus* balls, perennials grasses and shrubs
16. Pond and stepping stones
17. Rill with blade fall
18. Square trellis x 3 with *Trachelospermum jasminoides* and *Clematis*
19. Clients own armillary sundial

20. Exposed sections of brick wall
21. Beds with evergreen ground cover, small shrubs and flowering perennials
22. Square trellis with *Vitis coignetiae*
23. *Malus* 'Evereste'
24. *Malus* 'Bramleys Seedling'
25. Wildflower turf
26. *Prunus* 'Victoria'
27. *Malus* 'James Grieve'
28. Screening *Prunus lusinatica myrtifolia* hedge
29. Existing raised stone seat

30. Cobble stone detailing to wildflower meadow edge
31. Cobbled surface with cobble edging detail
32. Fruit trees underplanted with wildflower meadow and naturalised bulbs, retained within cobble detailing
33. Robinia tree with canopy raised
34. Wooden insulated storage shed
35. Raised bed with ferns, *Euphorbias* and *Geraniums*
36. Concrete block and painted render retaining wall preserving *Robinia* root ball

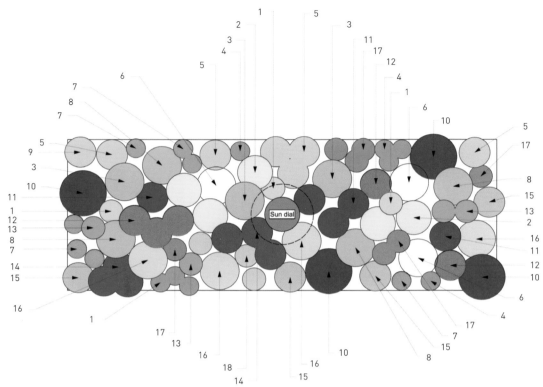

Main planting bed to rear of pond

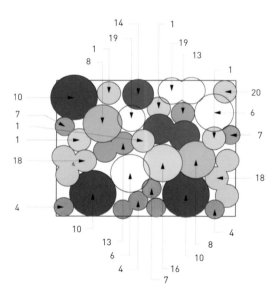

South planting bed in front of pond

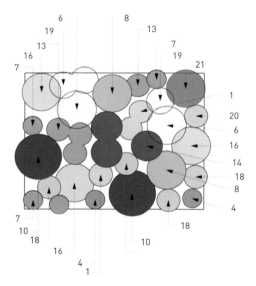

North planting bed in front of pond

1. *Verbena bonariensis*
2. *Rudbeckia fulgida deamii*
3. *Rosmarinus officinalis*
4. *Pulmonaria* 'Blue ensign'
5. *Anemone* 'Honorine jobert'
6. *Panicum* 'Shenandoah'
7. *Epimedium* 'Lilafee'

8. *Buxus semperivens* ball 50 cm
9. *Astrantia* 'Shaggy'
10. *Geranium* 'Rozanne'
11. *Aster frikartii* 'Monch'
12. *Penstemon* 'Husker red'
13. *Buxus semperivens* ball 30 cm
14. *Salvia* s. 'May night'

15. *Erigeron karvinskianus*
16. *Artemisia* 'Powis castle'
17. *Iris sibirica* 'Silver edge'
18. *Melica ciliata*
19. *Libertia grandiflora*
20. *Alchemilla mollis*
21. *Sarcococca hookeriana*

BROOKLYN TOWNHOUSE

BROOKLYN, NEW YORK, UNITED STATES

Landscaper Gunn Landscape Architecture
Photographer © Paul Warchol

The aim of this project was to transform two small outdoor spaces from their raw states to a beautiful garden and dining area in a friendly corner of the roof terrace. These spaces have been designed to become an extension of the modern interior. The roof terrace is an urban oasis for its owners, an outdoor living area to socialise in, complete with a fully equipped bar. Cedarwood pots full of plants provide a green shield from the city but without losing the magnificent views. The back garden is a creative use of space with an outdoor dining area and a path of stone tiles leading to a secret barbecue area.

Ziel dieses Projektes war es, zwei kleine unbearbeitete Außenbereiche in einen hübschen Garten mit Essbereich sowie eine Plauderecke auf der Dachterrasse zu verwandeln. Die Planer entwarfen diese Räume als Erweiterung der modernen Innenbereiche. Die Dachterrasse ist eine urbane Oase für die Besitzer, ein Wohnzimmer im Außenbereich für gesellige Stunden mit einer komplett ausgestatteten Bar. Töpfe aus Zedernholz sind randvoll mit Pflanzen, die ein Schild vor der Stadt bilden, ohne die Bewohner dabei der ausgezeichneten Aussicht zu berauben. Der rückseitige Garten besticht durch eine kreative Raumnutzung mit einem Essbereich im Freien und einem Steinplattenweg, der zu einem versteckten Grillbereich führt.

Ce projet se veut transformer deux petits espaces extérieurs bruts en un joli jardin et une salle à manger et, en coin social sur la terrasse. Ces espaces ont été conçus pour se transformer en une extension des espaces intérieurs modernes. La terrasse est une oasis urbaine pour ses propriétaires, un salon extérieur pour recevoir des amis avec un bar entièrement équipé. Des jardinières en bois de cèdre agrémentées de plantes procurent un écusson de végétation en face de la ville, sans pour autant priver l'usager de ses magnifiques vues. Le jardin arrière utilise l'espace de manière créative avec une salle à manger extérieure et une allée dallée de pierres qui mènent à un lieu secret de barbecue.

El objetivo de este proyecto era transformar dos pequeños espacios exteriores en bruto en un bonito jardín y comedor y en un rincón social en la azotea. Estos espacios han sido diseñados para convertirse en una extensión de las modernas zonas interiores. La azotea es un oasis urbano para sus dueños, un salón exterior para socializar con un bar completamente equipado. Unos maceteros de madera de cedro llenos de plantas proporcionan un escudo de vegetación frente a la ciudad pero sin privarnos de sus magníficas vistas. El jardín trasero emplea un creativo uso del espacio con un comedor exterior y un camino de losas de piedra que conducen a un área secreta de barbacoa.

Wild cherry trees that bloom in spring, hortensias, iris and geranium in summer and a mixture of shade loving plants give the garden a lush feel.

Wilde Kirschbäume, die im Frühjahr blühen, Hortensien, Iris und Pelargonien im Sommer und eine Mischung aus schattenspendenden Pflanzen verleihen dem Garten eine dichte Textur.

Des cerisiers sylvestres qui fleurissent au printemps, des hortensias, des iris et des géraniums en été et un mélange de plantes pour l'ombre procurent une texture touffue au jardin.

Cerezos silvestres que florecen en primavera, hortensias, iris y geranios en verano y una mezcla de plantas de sombra proporcionan una textura frondosa al jardín.

With touches of grey and royal blue that take inspiration from the surrounding area, the transition from interior to exterior is perfect.

Mit Noten von Grau und Königsblau, welche die Bereiche der Umgebung nachempfinden, ist der Übergang vom Innen- zum Außenraum vollkommen.

Avec des notes de gris et de bleu roi qui s'inspirent des pièces alentour, la transition de l'intérieur à l'extérieur est parfaite.

Con notas de gris y azul real que toma inspiración de las estancias de alrededor la transición del interior al exterior es perfecta.

SATISFYING THE SENSES

LONDON, UNITED KINGDOM

Landscaper Stefano Marinaz Landscape Architecture
Photographer © Rosangela Borgese

At the client's request, this garden uses classic Italian materials: *Quercus ilex*, holm oak and trimmed box-wood. The garden aims to soothe the senses: the sound of water from a beautiful stone fountain is music to the ears and the jasmine growing next to it fills the air with fragrance on summer nights. A large expanse of grass is flanked on two sides by holm oaks in drum shapes, creating a sense of privacy. The simplicity is echoed by planting restricted to green and white, starting with snowdrops in January, white viridiflora tulips in spring, ending the summer with the ghostly presence of white alliums, pale roses and astilbes.

Auf Wunsch des Kunden wurden für diesen Garten klassische italienische Materialien verwendet: *Quercus ilex*, Eiche und getrimmter Buchsbaum. Dieser Garten soll unsere Sinne erfüllen: Der Klang des Wassers, das aus einem wunderschönen Steinbrunnen fließt, ist Musik für das Ohr, und der Jasmin, der daneben wächst, erfüllt an Sommerabenden die Luft mit seinem Duft. Eine großzügige Rasenfläche wird an beiden Seiten von trommelförmigen Eichen flankiert, die für Privatsphäre sorgen. Die Einfachheit spiegelt sich in einer auf grün und weiß beschränkten Vegetationspalette, die im Januar mit Schneeglöckchen, im Frühjahr mit weißen Tulpen und im Sommer mit der geisterhaften Präsenz von weißem Allium, hellen Rosen und Astilben durch das Jahr begleitet.

À la demande du client, pour ce jardin, on a utilisé des matériaux classiques italiens : *Quercus ilex*, du chêne vert et du buis découpé. Ce jardin cherche à satisfaire nos sens : le son de l'eau qui jaillit d'une jolie fontaine en pierre est une musique pour l'ouïe et le jasmin qui pousse à proximité de celle-ci remplit par son odeur l'air des après-midi d'été. Un vaste parterre verdoyant est flanqué des deux côtés par des chênes verts en forme de tambour procurant de l'intimité. La simplicité fait écho à une palette de végétation limitée au vert et au blanc, à commencer par des clochettes d'hiver en été, tulipes viridiflora blanches au printemps pour finir en été avec la présence fantomatiques d'allium blanc, roses clair et astilbes.

A petición del cliente, para este jardín se han empleado materiales clásicos italianos: *Quercus ilex*, encina, y boj recortado. Este jardín busca satisfacer nuestros sentidos: el sonido del agua que mana de una hermosa fuente de piedra es música para el oído y el jazmín que crece junto a esta llena con su olor el aire en las tardes de verano. Una amplia extensión de césped está flanqueada en dos lados por encinas en forma de tambor proporcionando privacidad. La simplicidad se hace eco con una paleta de vegetación restringida al verde y blanco, que comienza con campanillas de invierno en enero, tulipanes viridiflora blancos en primavera, para acabar en verano con la presencia fantasmal de allium blanco, rosas pálidas y astilbes.

The same mellow sandstone has been used for the benches next to the fountain and for the paving that forms a comfortable terrace that is perfect for pleasant evenings with friends.

Für die Bänke neben dem Brunnen wurde der gleiche weiche Sandstein verwendet wie für die Pflasterung, die eine bequeme Terrasse bildet, auf der die Bewohner angenehme Abende mit Freunden verbringen können.

On a utilisé le même grès pour les bancs, à proximité de la fontaine et pour le revêtement, qui forme une terrasse pratique pour y partager des soirées agréables entre amis.

Se ha utilizado la misma arenisca para los bancos junto a la fuente y para el pavimento, que forma una cómoda terraza donde compartir agradables veladas con amigos.

Perspectives

THE GARDEN AS A SPACE FOR CONTEMPLATION

The garden as an imitation of the landscape is the fruit of a long story based on the direct observation and admiration of nature. The ways of conceiving the garden have evolved over the centuries, or have been inspired by gardens from the past, to become authentic spaces of contemplation for the physical and spiritual well-being.

DER GARTEN ALS RAUM FÜR FREIZEITGESTALTUNG

Der Garten als Nachahmung der Landschaft hat eine lange Geschichte, die auf der Beobachtung und Bewunderung der Natur beruht. Alle unterschiedlichen Arten, den Garten zu verstehen, haben sich mit der Zeit in Gärten entwickelt, die von vergangenen Epochen inspiriert sind, authentische Orte für Kontemplation und für das körperliche und geistige Wohlbefinden.

LE JARDIN EN TANT QU'ESPACE DE CONTEMPLATION

Le jardin en tant que calque du paysage est un produit qui possède une longue histoire reposant sur l'observation et l'admiration directe de la nature. Les manières de concevoir le jardin ont évolué avec les siècles ou se sont inspirées des jardins d'époques révolues pour se convertir en d'authentiques espaces de contemplation pour le bien-être physique et spirituel.

EL JARDÍN COMO ESPACIO DE CONTEMPLACIÓN

El jardín como imitación del paisaje es producto de una larga historia basada en la observación y la admiración directa por la naturaleza. Todas estas formas de entender el jardín han evolucionado con el tiempo en jardines que se inspiran en épocas pasadas, auténticos espacios de contemplación para el bienestar corporal y espiritual.

Breaking symmetries is always good option provided that it is not in a garden with a formal, geometric layout.

Es ist sinnvoll, Symmetrien zu unterbrechen, vorausgesetzt, dass man keinen formellen und geometrischen Garten gestalten möchte.

Briser les symétries est une décision judicieuse à condition que le jardin ne soit pas de style formel et géométrique.

Romper las simetrías es conveniente siempre y cuando no se busque un jardín de estilo formal y geométrico.

Try to avoid mixing loud colored flowers around borders or in clumps.

Vermeiden Sie, dass die Farbzusammenstellung von Blumen in Beeten und Töpfen grell wirkt.

Évitez que l'ensemble de fleurs plantées sur les plates-bandes et massifs ne diffuse des couleurs trop stridentes.

Evita que el conjunto de flores en los arriates y macizos resulte estridente con sus colores.

Paths or concealed zones become monotonous if masses of a few species and with a simple design are planted.

Durchgangszonen oder wenig sichtbare Bereiche werden monoton, wenn man große Massen von wenig unterschiedlichen Arten pflanzt und das Design ist weniger ausgefeilt.

Les zones de passage ou occultes sont rendues monotones lorsque de grandes étendues et peu d'espèces y sont plantées et lorsque le style y est moins élaboré.

Las zonas de paso o que no se ven se hacen monótonas si se plantan grandes masas de pocas especies y el diseño es menos elaborado.

Choose plants with pleasant textures such as silvery sage, mullein, fern, mugwort, or amaranth cockscomb to be able to enjoy the sense of touch.

Damit man sie gern anfasst, pflanzen Sie Pflanzen mit angenehmer Textur, wie Silber-Salbei, Königskerze, Farne, Beifuß, Amarant (Fuchsschwanz) oder Brand-schopf (Celosia)ein Außen-Essbereich, ist sehr wichtig.

Pour profiter de leur toucher, choisis-sez des plantes à textures agréables comme la sauge argentée, la molène, les fougères, l'armoise, l'amarante ou la bellardie.

Para gozar de su tacto, elige plantas de texturas agradables, como la salvia ar-géntea, el verbasco, los helechos, la ar-temisa, el amaranto o la cresta de gallo.

© Jon Bouchier

Use species with several flowering peri-ods throughout the year.

Suchen Sie Arten aus, die zu verschiede-nen Jahreszeiten blühen.

Recherchez des espèces à floraisons échelonnées tout au long de l'année.

Busca especies con floraciones escalona-das a lo largo del año.

© Jon Bouchier

Use local stones to design a rock garden with plants in the sun. They look good in a mound or on a slope.

Suchen Sie für einen sonnigen Steingarten Steine aus der Gegend. Sie machen sich auf einem Hügel oder einem Abhang sehr gut.

Cherchez des pierres de la zone pour aménager un espace rocailleux entouré de plantes. Ce type de composition est idéal pour un monticule ou une pente.

Busca piedras de la zona para diseñar una rocalla con plantas al sol. Quedan muy bien en un montículo o en una pendiente.

It is important to be aware of the plant's flowering period and foliage type to know when they are at their best.

Es ist wichtig, die Blütezeiten und die Art des Blattwerks der Pflanzen zu kennen, damit man weiß, wann sie am prächtigsten sind.

La connaissance des époques de floraison et du type de feuillage des plantes revêt une grande importance pour identifier les périodes durant lesquelles les espèces sont les plus voyantes.

Es importante que conozcas las épocas de floración y el tipo de follaje de las plantas para saber cuándo son más vistosas.

Curved lines make small gardens seem much larger than they really are.

Durch geschwungene Linien erscheinen kleine Gärten viel größer als sie in Wirklichkeit sind.

Les lignes courbes permettent aux petits jardins de sembler plus grands que ce qu'ils sont réellement.

Las líneas curvas hacen que los jardines pequeños parezcan mucho más grandes de lo que realmente son.

Plants with exuberant foliage and evergreen shrubs are attractive all year long.

Pflanzen mit üppigem Blattwerk und immergrüne Sträucher sind das ganze Jahr über attraktiv.

Les plantes au feuillage exubérant ainsi que les arbustes à feuilles persistantes sont captivants à toute époque de l'année.

Las plantas con follaje exuberante así como los arbustos de hoja perenne son atractivos todo el año.

© Deidi von Schaewen

© Raderschall

289

THE GARDEN AS A SPACE FOR LEISURE

When the weather is nice, we spend more time outdoors and what better than a corner in the terrace or garden to use as a relaxing dining room for the duration of the season. Swings, sandboxes, teeter-totters, children's play areas, swimming pools etc the garden can offer a variety of activities.

DER GARTEN ALS RAUM FÜR FREIZEITGESTALTUNG

Mit der Ankunft der warmen Jahreszeit wird das Leben im Freien intensiver und es gibt nichts besseres als eine Ecke auf der Terrasse oder im Garten, um dort ein gemütliches Esszimmer zu improvisieren, so lange die Saison anhält. Mit Schaukeln, Sandkästen, Wippen, Spielplätze für die Kinder, Schwimmbecken, bietet der Garten viele Möglichkeiten für Aktivitäten aller Art.

LE JARDIN EN TANT QU'ESPACE DE DISTRACTION

Avec l'arrivée de la chaleur, la vie de plein air s'intensifie et il n'y a rien de tel que de disposer d'un endroit sur la terrasse ou le jardin pour y improviser un coin repas chaleureux pendant toute la saison. Balançoires, bacs à sable, balancelles, espaces de jeu pour enfants, piscines, ... le jardin offre une grande variété d'activités.

EL JARDÍN COMO ESPACIO DE ENTRETENIMIENTO

Con la llegada de la época de calor, la vida al aire libre se intensifica y qué mejor que disponer de un rincón en la terraza o jardín para improvisar un comedor acogedor mientras dura la temporada. Columpios, areneros, balancines, zonas de juego para los niños, piscinas, el jardín ofrece una gran variedad de actividades.

If you basically use your terrace for sun-bathing and relaxing, a sofa and coffee table is suffice.

Wenn Sie Ihre Terrasse hauptsächlich zum Sonnenbaden und Ausruhen benutzen, genügen ein Sofa und ein Couchtisch.

Si vous comptez avant tout utiliser votre terrasse pour prendre le soleil et vous reposer, un canapé et une table centrale seront suffisants.

Si vas a utilizar tu terraza básicamente para tomar el sol y descansar, un sofá y una mesa de centro serán suficientes.

© Tim Street-Porter

Leave the living areas clear so that they seem visually spacious.

Denken Sie daran, die Aufenthaltsbereiche nicht zu überfüllen, damit sie weiträumig wirken.

Veillez à ce que les zones de vie soient dégagées pour que les espaces fassent preuve d'une amplitude visuelle.

Piensa en dejar las zonas de estar despejadas para que los espacios queden visualmente amplios.

© Joan Roig

Avoid plants with thorns or toxic plants in areas where people pass by.

Vermeiden Sie dornige oder giftige Pflanzen in den Gehbereichen.

Évitez les plantes à épines ou toxiques dans les zones de passage.

Evita las plantas con espinas o tóxicas en las zonas de paso.

© Henry Wilson

Do not place a large table in a small space. There are folding or expandable tables that will make room for your guests in a hassle free and smooth manner.

Stellen Sie keinen großen Tisch auf einem kleinen Platz auf. Es gibt Klapp- oder Ausziehtische, die problemlos und bequem allen Ihren Tischgenossen Platz bieten.

N'installez pas une grande table dans un espace aux dimensions réduites. Il existe des modèles pliables ou des tables à rallonge qui vous permettront d'installer le nombre d'invités nécessaire sans aucun problème et sans perte de confort.

No ubiques una mesa grande en un espacio de reducidas dimensiones. Existen modelos plegables o mesas extensibles que te permitirán acoplar el número de comensales que necesites sin problemas y con comodidad.

© Montse Garriga

Ponds or fountains with fish, plants, turtles and ducks will be a magnet for children.

Teiche oder Brunnen mit Fischen, Pflanzen, Schildkröten oder Enten sind Anziehungspunkte für die Kleinsten.

Les bassins ou es fontaines à poissons, plantes, tortues ou canards constitueront des points d'attraction pour les plus petits.

Estanques o fuentes con peces, plantas, tortugas o patos serán un punto de atracción para los más pequeños.

Make sure the play area is visible from inside the house.

Richten Sie den Spielplatz an einer Stelle ein, die vom Haus aus eingesehen werden kann.

Placez la zone de jeux dans un endroit visible depuis l'intérieur de la maison.

Coloca la zona de juegos en un punto que sea visible desde el interior de la casa.

Install a platform with one or two steps on the floor. It can be an ideal place to design a chill out space that can be used by adults and children alike.

Installieren Sie ein Podest mit einer oder zwei Stufen auf dem Boden. Dies kann ein idealer *chill out*-Platz werden, der von Klein und Groß genutzt werden kann.

Installez un caillebotis surélevé (une ou deux marches). Cet endroit peut s'avérer idéal pour y aménager un espace *chill out* pouvant être utilisé par petits et grands.

Instala una tarima de uno o dos peldaños sobre el suelo. Puede ser un lugar ideal para diseñar un espacio de *chill out* que pueda ser utilizado por pequeños y mayores.

Opt for furniture made with light materials, which are easy to transport, so you can change their location at any time.

Wählen Sie einfach transportierbare Möbel aus leichten Materialien aus, so dass Sie deren Standort jederzeit ändern können.

Portez votre choix sur des meubles en matériaux légers faciles à transporter, de sorte que vous puissiez modifier leur agencement à tout moment.

Opta por mobiliario de materiales ligeros y de fácil transporte, de manera que puedas modificar su ubicación en cualquier momento.

Plant roses, blackberries or cactus away from the play areas.

Pflanzen Sie dornige oder stachlige Pflanzen wie Rosenstöcke, Brombeeren oder Kakteen weit weg von den Spielplätzen.

Cultivez les plantes à épines comme les rosiers, les mûriers ou les cactus à l'écart des zones de distraction.

Planta lejos de las zonas de entretenimiento plantas con espinas como el rosal, la zarzamora o los cactus.

Hang a hammock to rest. You can place it between two trees to enjoy shade on a hot day.

Bringen Sie eine Hängematte zum Ausruhen an. Sie können Sie zwischen zwei Bäumen aufhängen, damit Sie an einem heißen Tag über einen angenehmen Schattenplatz verfügen.

Installez un hamac dans un endroit où vous reposer. Vous pouvez le placer entre deux arbres pour bénéficier d'une ombre agréable un jour de chaleur.

Coloca una hamaca donde poder descansar. Puedes situarla entre dos árboles para disfrutar de una agradable sombra en un día caluroso.

Place cushions on the chairs for comfort.
Pouffes are an alternative when you have
guests and there are no more seats available.

Legen Sie für mehr Bequemlichkeit Kis-
sen auf die Stühle. Ein paar Puffs auf dem
Boden sind eine Alternative wenn Sie Gäs-
te haben und nicht genug Stühle vorhanden sind.

Placez des oreillers sur les chaises pour
améliorer le confort. Des poufs au sol
constituent une alternative lorsque vous
recevez des invités et qu'aucune chaise
n'est disponible.

Coloca almohadones sobre las sillas para
mayor comodidad. Unos pufs en el suelo
serán una alternativa cuando tengas invitados y no queden más sillas disponibles.

ROCK GARDENS AND GARDENS FOR COLD CLIMATES

Winter gardens are usually glazed spaces attracting the maximum light possible to contribute to a sense of well-being in cold times and allowing us to grow our plants at a higher temperature than outside. This is a good time for azaleas, conifers, ivy and honeysuckle.

STEINGÄRTEN UND GÄRTEN FÜR DIE KÄLTE

Bei Wintergärten handelt es sich normalerweise um verglaste Räume, die so viel Licht wie möglich einlassen, wodurch sie viel zum Wohlbefinden in den kalten Jahreszeiten beitragen und es ermöglichen, unsere Pflanzen bei höheren Temperaturen als im Freien zu züchten. Dies ist eine gute Zeit für Azaleen, Koniferen, Efeu und Geißblatt.

JARDINS DE PIERRES ET JARDINS POUR CLIMATS FROIDS

En règle générale, les jardins d'hiver sont des espaces vitrés aménagés de manière à fournir la plus grande luminosité possible pour conférer, en grande partie, une sensation de bien-être au cours des périodes de froid, tout en offrant la possibilité de continuer de cultiver nos plantes à des températures plus élevées qu'à l'extérieur. Cette période est une excellente époque pour les azalées, les conifères, les lierres et les chèvrefeuilles.

JARDINES DE PIEDRAS Y JARDINES PARA CLIMAS FRÍOS

Los jardines de invierno suelen ser espacios acristalados donde se consigue la mayor luminosidad posible para contribuir, en gran medida, a una sensación de bienestar en épocas frías y seguir cultivando nuestras plantas a mayor temperatura que en el exterior. Ésta es una buena época para las azaleas, coníferas, hiedras y madreselvas.

Materials, shapes and colors should be compatible with the interior if you are looking for spatial continuity.

Materialien, Formen und Farben sollten zu den Innenräumen passen, wenn man eine räumliche Kontinuität herstellen möchte.

Les matériaux, les formes et les couleurs doivent être compatibles avec l'intérieur lorsque la continuité de l'espace est recherchée.

Materiales, formas y colores deben ser compatibles con el interior si lo que se busca es la continuidad espacial.

© Michael Moran

Winter gardens are a good choice for cold climates where summers are short.

Wintergärten sind eine gute Wahl für kalte Klimazonen, in denen die Sommer kurz sind.

Les jardins d'hiver représentent une excellente option pour les climats froids aux étés courts.

Los jardines de invierno son una buena opción para climas fríos donde los veranos son cortos.

Make use of the winter garden and add natural beauty with plants that provide color.

Nutzen Sie den Wintergarten und bringen Sie mit Pflanzen, die Wärme ausstrahlen, natürliche Schönheit hinein.

Exploitez votre jardin d'hiver et ajoutez-y de la beauté naturelle à l'aide de plantes colorées.

Aprovecha el jardín de invierno y añade belleza natural con plantas que aporten color.

© Alberto Ferrero

If you sow winter plants, they will add beauty and pacify the place because in winter many trees lose their leaves and deciduous shrubs only have bare branches.

Wenn Sie winterharte Pflanzen setzen, verschönern und befrieden Sie den Ort, da in dieser Jahreszeit viele Bäume ihre Blätter abwerfen und die laubabwerfenden Sträucher nur ihre nackten Äste zeigen.

Les plantes d'hiver apporteront une certaine beauté et tranquilliseront l'espace car il s'agit de la saison au cours de laquelle de nombreux arbres perdent leurs feuilles et pendant laquelle les arbustes caducifoliés ne livrent que leurs branches dénudées.

Si optas por colocar plantas de invierno aportarán belleza y darán paz al lugar porque se trata de la estación en la que muchos árboles pierden sus hojas y los arbustos caducifolios solo muestran sus ramas desnudas.

© Gianni Basso / Vega

Do not neglect any corner that can be used in the courtyard.

Verschwenden Sie keinen Raum, den man in einen Innenhof verwandeln kann.

Ne gaspillez aucun recoin susceptible de se convertir en cour intérieure.

No desperdicies ningún rincón susceptible de convertirse en patio interior.

Make use of the different shades in the green spectrum, which in winter ranges from yellow to gray-green and bluish green.

Nutzen Sie die verschiedenen Grüntöne, die im Winter von gelblich bis zu graugrün und blaugrün reichen.

Profitez des différentes nuances présentes dans le spectre du vert qui, en hiver, s'étend du jaune jusqu'au vert grisâtre et vert bleuté.

Aprovecha los diferentes matices presentes en el espectro del verde, que en invierno van desde el amarillo hasta el verde grisáceo y el verde azulado.

Ferns are another suggestion. Bright, elegant and strong, they will grow with little light and in adequate moist conditions.

Eine weitere Möglichkeit stellen Farne dar. Schön, elegant und kräftig wachsen sie mit wenig Licht und in entsprechend feuchter Umgebung.

Les fougères constituent une autre suggestion. Voyantes, élégantes et fortes, elles poussent avec peu de lumière et dans des conditions d'humidité appropriées.

Otra sugerencia son los helechos. Vistosos, elegantes y fuertes, crecerán con poca luz y en condiciones de humedad adecuadas.

With the arrival of the cold weather, prepare the different species to withstand low temperatures so that they can build up reserves that in spring will be an explosion of color.

Bevor die Kälte kommt, sollten die verschiedenen Arten vorbereitet werden, damit sie die niedrigen Temperaturen ertragen und die Reserven ansammeln, die im Frühling zu einer Farbexplosion führen.

Avant l'arrivée du froid, il convient de préparer les différentes espèces afin qu'elles supportent les basses températures et emmagasinent des réserves qui, au printemps, se convertiront en une explosion de couleurs.

Ante la llegada del frío, es conveniente preparar las distintas especies para que soporten las bajas temperaturas y vayan acumulando las reservas que en primavera serán una explosión de color.

FOUNTAINS AND POOLS

Pools and ponds are garden elements that convey a sense of calm, sound and visual pleasure and may even be a source of life for both wildlife and flora. Biopools modify the traditional method for a new ecological system that requires no chemicals to oxygenate the water.

BRUNNEN UND SCHWIMMBECKEN

Schwimmbecken und Teiche sind Bestandteile des Gartens, die ein Gefühl von Ruhe vermitteln und einen angenehmen Anblick und wohltuende Geräusche bieten und auch eine Lebensquelle für Fauna und Flora sein können. Bio-Schwimmbecken ersetzen die traditionelle Methode durch ein neues ökologisches System, das keine chemischen Produkte für die Versorgung des Wassers mit Sauerstoff erfordert.

FONTAINES ET PISCINES

Les piscines et les bassins sont des éléments du jardin qui transmettent une sensation de tranquillité, de plaisir visuel et sonore. En outre, ils peuvent être sources de vie à la fois pour la faune et la flore. Les biopiscines sont une alternative à la méthode traditionnelle grâce à l'utilisation d'un nouveau système écologique qui ne fait appel à aucun produit chimique pour oxygéner l'eau.

FUENTES Y PISCINAS

Las piscinas y los estanques son elementos del jardín que brindan sensación de tranquilidad, placer visual y sonoro e, incluso, pueden ser fuente de vida tanto para la fauna como la flora. Las bio piscinas aparecieron modificando el método tradicional por un nuevo sistema ecológico que no requiere productos químicos para oxigenar el agua.

Prevent the accumulation of organic waste in the pond, removing leaves and dried flowers that fall.

Vermeiden Sie organische Rückstände im Teich und entfernen Sie fallende Blätter und trockene Blüten.

Évitez la présence de déchets organiques dans le bassin en retirant les feuilles et les fleurs sèches.

Evita los residuos orgánicos en el estanque, eliminando las hojas y las flores secas que caigan.

Make sure that the pond is partly shaded. It is best to place it in an area with six or seven hours of shade.

Sorgen Sie für etwas Schatten beim Teich. Es ist besser, ihn an einer Stelle mit sechs oder sieben Schattenstunden anzulegen.

Apportez de l'ombre au bassin. Mieux vaut l'installer dans une zone exposée à l'ombre de 6 à 7 heures.

Asegúrate de que el estanque esté parcialmente en sombra. Es mejor situarlo en una zona con 6 o 7 horas de sombra.

Install waterfalls, fountains or pumps that generate the movement of water to provide oxygen.

Bauen Sie Wasserfälle, Brunnen oder Springbrunnen ein, die das Wasser in Bewegung bringen und Sauerstoff zuführen.

Aménagez des cascades, des fontaines ou des jets générant un mouvement de l'eau favorable à son oxygénation.

Introduce cascadas, fuentes o surtidores que generen movimiento de agua para aportar oxígeno.

Use the shade of a tree, but if it is deciduous be careful, because you do not want the water to become dirty because of dry leafs.

Nutzen Sie den Schatten eines Baumes, aber wenn es sich um einen Laubbaum handelt, passen Sie auf, denn es ist ungünstig, wenn das Wasser durch fallende Blätter verschmutzt wird.

Profitez de la zone d'ombre formée par un arbre en veillant à ce que celui-ci ne soit pas à feuilles caduques. Il est en effet conseillé d'éviter l'encrassement de l'eau par la chute de feuilles sèches.

Aprovecha la zona de sombra de un árbol, pero si es de hoja caduca vigila, porque no es conveniente que el agua se ensucie por la caída de hojas secas.

Choose a shady spot, sheltered from the wind, for example, near a quiet rest area.

Wählen sie einen schattigen, windgeschützten Platz, z.B. in der Nähe eines Ruhebereichs.

La taille du bassin doit être en rapport avec les proportions du jardin.

Elige un lugar sombreado y resguardado del viento, por ejemplo cerca de una zona de reposo.

© Raderschall

© Giorgi Baroni

To build the pond, wait until no rain is forecast for a few days to prevent it from filling with water.

Wenn Sie den Teich anlegen, warten Sie auf Tage, für die kein Regen vorhergesagt wird, um zu vermeiden, dass er sich mit Wasser füllt.

Avant de débuter sa construction, tenez-vous informé des prévisions météorologiques pour éviter qu'il ne se remplisse d'eau de pluie.

Para construirlo, espera los días en los que no se pronostiquen lluvias para evitar que se llene de agua.

Keep an eye on the growth of certain invasive plants.

Achten Sie auf die Entwicklung bestimmter Pflanzen, die anfangen können, zu wuchern.

Surveillez le développement de certaines plantes susceptibles de se convertir en éléments envahissants.

Vigila el desarrollo de ciertas plantas que se pueden convertir en invasoras.

If the pond is large, it should have a drain hole so that it can be emptied every 2 or 3 years.

Wenn der Teich groß ist, sollte er ein Abflussloch haben, damit man ihn alle 2 oder 3 Jahre leeren kann.

Si la taille du bassin est importante, il convient d'équiper ce dernier d'un orifice d'évacuation pour pouvoir le vider tous les 2 ou 3 ans.

Si el estanque es grande conviene que disponga de un agujero de desagüe para poder vaciarlo cada 2 o 3 años.

© Guy Wenborne

You can fill the pond with a hose when you see that the water level has gone down due to evaporation and plant consumption.

Wenn Sie sehen, dass sich der Wasserspiegel durch Verdunstung und durch den Verbrauch der Pflanzen senkt, können Sie den Teich mit einem Schlauch füllen.

Vous pouvez remplir le bassin à l'aide d'un tuyau lorsque le niveau d'eau diminue à cause de l'évaporation et de la consommation des plantes.

Puedes rellenar el estanque con una manguera cuando veas que el nivel de agua va bajando debido a la evaporación y al consumo de las plantas.

Plant oxygenating plants as they absorb minerals from the decomposition of organic matter and CO_2 from fish and they release oxygen to the water.

Setzen Sie Pflanzen, die sauerstoffanreichernd sind, da sie Mineralien aus dem Zerfall von organischer Materie und den CO_2 der Fische absorbieren und Sauersoff in das Wasser freigeben.

Cultivez des plantes oxygénantes en raison du fait qu'elles absorbent les minéraux issus de la décomposition de la matière organique et le CO_2 dégagé par les poissons. En outre, elles apportent de l'oxygène à la masse d'eau.

Cultiva plantas oxigenantes ya que absorben minerales de la descomposición de la materia orgánica y el CO_2 de los peces y liberan oxígeno a la masa de agua.

Once constructed, disperse aquatic plants, fountains, rocks and all the elements necessary to complete the pond.

Wenn der Teich fertig ist, verteilen Sie Wasserpflanzen, Brunnen, Felsen und alle nötigen Objekte, um ihn zu vervollständigen.

Une fois construit, distribuez les plantes aquatiques, les fontaines, les rochers et tous les éléments nécessaires pour compléter le plan d'eau.

Una vez construido, distribuye las plantas acuáticas, las fuentes, las rocas y todos los elementos necesarios para completar el estanque.

Remove algae with a stick as long as you do not damage other pond plants and fish.

Sie können die Algen mit einem Stock entfernen, so lange Sie nicht die anderen Pflanzen im Teich und die Fische verletzen.

Vous pouvez éliminer les algues à l'aide d'une perche en veillant à ne pas abîmer les autres plantes du bassin et à ne pas déranger les poissons.

Puedes eliminar las algas con un palo siempre que no dañes las demás plantas del estanque y a los peces.

If you choose to have fish, feed them in spring and summer up to fall when the water temperature begins to cool down.

Wenn Sie sich für Fische entscheiden, füttern Sie sie ab dem Frühling und im Sommer bis im Oktober die Wassertemperatur sinkt.

Si vous souhaitez élever des poissons, nourrissez-les à partir du printemps et en été, jusqu'à ce que la température de l'eau commence à diminuer en automne.

Si optas por tener peces, aliméntalos a partir de la primavera y en verano, hasta que en otoño empiece a reducirse la temperatura del agua.

INDOOR GARDENS

Interior gardens and courtyards may not be as common but they are equally as pleasant. These spaces become the lungs of the house because they are located in the center and the other rooms are distributed around the border to maximize ventilation and natural light.

INNENGÄRTEN

Nicht so bekannt, aber nicht weniger angenehm sind Innengärten und Innenhöfe. Diese Räume werden zu Lungen des Hauses, weil sie sich im Zentrum befinden und die anderen Räume um sie herum angeordnet sind, so dass die Belüftung und das natürliche Licht voll genutzt werden kann.

JARDINS INTÉRIEURS

Les cours et jardins intérieurs sont moins réputés mais tout aussi agréables. Ces espaces se convertissent en les poumons de la maison car, situés en son centre, ils donnent sur le reste des pièces distribuées autour de leur périmètre et permettent de profiter au maximum de l'aération ainsi que de la lumière naturelle.

JARDINES INTERIORES

No tan conocidos pero no menos agradables son los jardines y patios interiores. Este tipo de espacios se convierten en los pulmones de la casa porque se sitúan en el centro y el resto de estancias se distribuyen alrededor de su perímetro para aprovechar al máximo la ventilación y la luz natural.

Choose the right plants. Ferns are a good choice for the thickness of their branches and because they can be placed in hanging planters leaving the floor clear for smaller species.

Wählen Sie geeignete Pflanzen aus. Farne sind eine gute Wahl auf Grund ihrer dicken Äste und weil man sie in hängende Blumentöpfe setzen und den Boden für kleinere Arten frei lassen kann.

Choisissez les plantes appropriées. Les fougères constituent un excellent choix de par la densité de leurs branches et parce qu'elles peuvent être placées dans des jardinières suspendues en laissant de la place au sol pour les espèces plus petites.

Escoge las plantas adecuadas. Los helechos son una buena elección por la espesura de sus ramas y porque además pueden colocarse en maceteros colgantes dejando el suelo libre para especies más pequeñas.

An indoor garden will help you to think positively.

Ein Innengarten bringt Sie in heitere Stimmung.

Un jardin intérieur vous imprégnera d'un état d'esprit positif.

Un jardín interior te proporcionará un estado de ánimo positivo.

Some species suitable for growing in the interior are large leaves species, such as big-leaf ficus.

Manche zur Haltung in Innenräumen geeignete Arten haben große Blätter wie der großblättrige Ficus.

Les plantes à grandes feuilles, comme le ficus caoutchouc, font partie des espèces qui s'adaptent à la culture d'intérieur.

Algunas especies aptas para cultivar en el interior son las de hojas grandes, como el ficus de hoja grande.

If you have the possibility to embed large stones, you will achieve a virgin forest effect within the home.

Wenn Sie die Möglichkeit haben, großformatige Steine einzubetten, ergibt das einen Urwaldeffekt innerhalb des Hauses.

Si vous avez la possibilité d'insérer des pierres de grande taille, vous apporterez un effet de jungle vierge à l'intérieur de la maison.

Si tienes la posiblidad de colocar piedras de gran tamaño, obtendrás un efecto de selva virgen dentro de la casa.

Every plant needs a free space to grow with light, water, air, nutrients and a suitable temperature. Try to meet the plants needs and choose choose those that do not require much sun and live well in the shade.

Jede Pflanze braucht einen freien Platz zum wachsen, Licht, Wasser, Luft, Nährstoffe und eine angemessene Temperatur. Bieten Sie ihr dies und wählen Sie Pflanzen, die nicht viel Sonne brauchen und gut im Schatten gedeihen.

Toutes les plantes ont besoin d'un espace libre pour pousser, de lumière, d'eau, d'air, de nutriments et d'une température appropriée. Veillez à leur offrir toutes ces ressources et choisissez des plantes n'ayant pas besoin de beaucoup de soleil et supportant bien l'ombre.

Toda planta necesita un espacio libre para crecer, luz, agua, aire, nutrientes y una temperatura adecuada. Procura ofrecérselo y escoge plantas que no requieran mucho sol y vivan bien a la sombra.

To add contrast between the green, spread white stones on the substrate of the plants or to outline a zone.

Um einen Kontrast zum Grün zu schaffen oder einen Bereich abzugrenzen, verteilen Sie ein paar weiße Steine auf das Pflanzensubstrat.

Pour créer du contraste entre les différents tons verts, déposez quelques pierres de couleur blanche sur le substrat des plantes ou pour délimiter une zone.

Para agregar contraste entre el verde, esparce algunas piedras de color blanco sobre el sustrato de las plantas o para delimitar una zona.

Designate a space in the house appropriate for the maintenance of a few plants. Some homes have an open space in the center of the house that serves as a conduit for air.

Bestimmen Sie einen passenden Raum im Haus für die Haltung einiger Pflanzen. Manche Häuser verfügen über einen offen Raum in der Mitte der Wohnung zur Belüftung.

Aménagez un espace approprié à l'intérieur de la maison pour l'entretien de quelques plantes. Certaines demeures disposent d'un espace ouvert au centre du logement servant de conduit d'air.

Designa un espacio dentro de la casa adecuado para el mantenimiento de unas cuantas plantas. Algunas casas disponen de un espacio abierto en el centro de la vivienda que sirve como conducto de aire.

If you have an indoor garden you will have a private oasis where evergreen plants, stones and polished slabs, give the room an air of Zen.

Wenn sie einen Garten innerhalb des Hauses haben, verfügen Sie über ein private Oase, der immergrüne Pflanzen, Steine und geschliffene Fliesen ein Zen-Flair verleihen.

Si vous possédez un jardin à l'intérieur de la maison, vous pourrez disposer d'une oasis particulière, où les plantes à feuilles persistantes, les pierres et les dalles polies conféreront à la pièce un air zen.

Si tienes un jardín dentro de casa podrás disponer de un oasis particular, donde plantas de hoja perenne, piedras y losas pulidas, darán a la estancia un aire zen.

© Leonardo Finotti

In the absence of an area such as a patio or an air duct, place a set of flowerpots near a skylight.

Wenn Sie über keinen Innenhof-ähnlichen Bereich oder Lichthof verfügen, können Sie eine Gruppe von Blumentöpfen in der Nähe eines Oberlichtes aufstellen.

Si vous ne disposez d'aucune zone s'apparentant à une cour ou à un conduit d'air, vous pouvez placer un ensemble de pots à proximité d'une lucarne.

Si no se dispone de ninguna zona parecida a un patio o a un conducto de aire, se pueden colocar un conjunto de macetas cerca de un tragaluz.

© Henry Wilson

To avoid changing the orientation of the plants, place them where you know you will not need to move them.

Damit Sie die Orientierung der Pflanzen nicht verändern müssen, stellen Sie sie an einem Ort auf, an dem sie dauerhaft bleiben können.

Pour ne jamais changer l'orientation des plantes, placez-les à un endroit où vous savez qu'elles n'auront pas besoin d'être déplacées.

Para no cambiar nunca la orientación de las plantas, colócalas en un sitio donde sepas que no tendrás necesidad de moverlas.

© Michael Freeman

Use low tables and wooden benches to create different levels on which to set the plants. If you have plants that grow downwards, hang them in a pot on the roof.

Verwenden Sie niedrige Tische oder Holzbänke, um Pflanzen in unterschiedlicher Höhe aufzustellen. Hängepflanzen können Sie in einem Blumentopf an die Decke hängen.

Utilisez des tables basses ou des bancs en bois pour créer différents niveaux sur lesquels déposer les plantes. Si vous possédez des plantes tombantes, suspendez-les au plafond en les plaçant dans une jardinière.

Utiliza mesas bajas o bancos de madera para crear diferentes niveles donde colocar las plantas. Si tienes plantas que descienden, puedes colgarlas de un macetero en el techo.

© Leonardo Finotti

OUTDOOR FURNITURE

Furniture suffers outside, even those treated for exterior use. Currently, the trend is the predominance of low maintenance materials and furniture for relaxation. Natural materials such as teak, wicker and stone can be a good option. Humidity is one of the main causes of the deterioration of furniture.

GARTENMÖBEL

Die Möbel leiden im Freien sehr, selbst wenn sie speziell dafür hergestellt wurden. Zurzeit geht der Trend zu Materialen, die wenig Pflege erfordern und zu Möbeln, die der Entspannung dienen. Natürliche Materialien wie Teak, Rattan und Stein sind eine gute Wahl. Feuchtigkeit ist eine der Hauptursachen für die Abnutzung der Möbel.

MOBILIER EXTÉRIEUR

Les meubles souffrent énormément à l'extérieur, même ceux qui sont conçus à cet effet. Actuellement, la tendance est à la prédominance de matériaux ne nécessitant que très peu d'entretien et au mobilier de détente. Les matériaux comme le teck, l'osier et la pierre sont d'excellentes options. L'humidité est l'une des principales causes de détérioration des meubles.

MOBILIARIO EXTERIOR

Los muebles sufren mucho en el exterior, incluso los que están preparados para ello. Actualmente la tendencia es el predominio de materiales que requieran poco mantenimiento y mobiliario de relax. Materiales naturales como la teca, el mimbre y la piedra pueden ser una buena opción. La humedad es una de las principales causas del deterioro de los muebles.

Tropical woods are very resistant; to care for them you can wipe them with a cloth soaked with linseed oil twice a year.

Tropische Hölzer sind sehr widerstandfähig. Um sie zu imprägnieren kann man sie zweimal jährlich mit einem mit Leinöl getränkten Tuch einreiben.

Les bois tropicaux sont très résistants. Pour les nourrir, il suffit d'y passer un linge imbibé d'huile de lin deux fois par an.

Las maderas tropicales son muy resistentes; para nutrirlas se puede pasar un paño empapado con aceite de linaza dos veces al año.

When choosing outdoor furniture, do not forget that its design will help enhance the ambience you want to create in the garden.

Wenn Sie Gartenmöbel auswählen, vergessen Sie nicht, dass deren Design Ihnen hilft, das gewünschte Ambiente im Garten zu verstärken.

À l'heure de choisir le mobilier extérieur, n'oubliez pas que son design vous aidera à renforcer l'ambiance que vous souhaitez créer dans le jardin.

Cuando elijas el mobiliario exterior, no olvides que su diseño te ayudará a reforzar el ambiente que quieras crear en el jardín.

Choose the material in relation to the time you can devote to its maintenance.

Wählen Sie das Material nach der Zeit aus, die Sie für seine Pflege aufwenden können.

Choisissez le matériau en fonction du temps que vous pouvez consacrer à son entretien.

Elige el material en función del tiempo que puedas dedicar a su mantenimiento.

It is essential to buy resistant pieces and materials suitable for adverse climatic factors.

Es ist wichtig, widerstandsfähige Stücke, die aus wetterfestem Material bestehen, zu kaufen.

Il est essentiel d'acheter des pièces hautement résistantes fabriquées dans des matériaux adaptés aux facteurs climatiques défavorables.

Es fundamental comprar piezas que sean de alta resistencia y materiales adecuados para los factores climáticos adversos.

Furniture with natural fibers should be protected undercover and never left outdoors.

Möbel aus Naturfaser müssen unter Dach geschützt werden und niemals unter freiem Himmel bleiben.

Le mobilier en fibres naturelles doit être installé sous abri et ne doit jamais être exposé aux intempéries.

El mobiliario de fibras naturales debe estar protegido bajo techo, nunca a la intemperie.

DIRECTORIO

3:0 LANDSCHAFSTARCHITEKTUR
Nestroyplatz 1/1
A 1020 Vienna
Austria
www.3zu0.com

ÀBATON
Ciudad Real, 28
28223 Pozuelo de Alarcón
Madrid
Spain
www.abaton.es

ARBOL
Nishihonmachi 2-4-10 Naniwa bld
201 Nishi-ku
Osaka
Japan
www.arbol-design.com

ANDREW WILKINSON ARCHITECTS
265 Canal Street, Suite 507
New York
New York 10013
United States
www.wilkinsonarchitects.com

ÁNGEL MÉNDEZ Arquitectura + Paisaje
Felipe Checa, 28, 1º
06001 Badajoz
Spain
www.angelmendez.net

ARTERRA LANDSCAPE ARCHITECTS
88 Missouri Street
San Francisco
California 94107
—
West Dry Creek
Healdsburg
California 95448
United States
www.arterrasf.com

BARBARA SAMITIER LANDSCAPE & GARDEN DESIGN
The Old Stable House, Unit 4
53-55 North Cross Road
London SE229ET
United Kingdom
www.barbarasamitiergardens.co.uk

CULTIVART GARDEN DESIGN
PO Box 365
Karrynup
Western Australia 6018
Australia
www.cultivart.com.au

FELDMAN ARCHITECTURE
1005 Sansome Street, Suite 240
San Francisco
California 94111
United States
www.feldmanarchitecture.com

FLORA GRUBB GARDENS
1634 Jarrold Avenue
San Francisco
California 94124
United States
www.floragrubb.com

GUNN LANDSCAPE ARCHITECTURE
345 Seventh Avenue, Suite 502
New York
New York 10001
United States
www.gunnlandscapes.com

HÁBITAS
Privada Jurquilla, 110
76230 Querétaro
Mexico
www.habitas.ws

HOLLY, WOOD + VINE
212 Forsyth Street
New York
New York 10002
United States
www.hollywoodandvinenyc.com

KIWI GREENFINGERS
5 The Croft
St. Albans AL23AR
United Kingdom
www.kiwigreenfingers.com

LA HABITACIÓN VERDE
Argensola, 4, 2º I
28004 Madrid
Spain
www.lahabitacionverde.es